本书获得山西省高等学校哲学社会科学研究项目资助
（2022W113）

我国房价与消费关系的异质性研究

——基于居民收入不平衡和地区间房价差异的视角

闫娜娜　著

中国财经出版传媒集团
中国财政经济出版社

图书在版编目（CIP）数据

我国房价与消费关系的异质性研究：基于居民收入不平衡和地区间房价差异的视角 / 闫娜娜著 . -- 北京：中国财政经济出版社，2023. 4

ISBN 978 - 7 - 5223 - 1923 - 0

Ⅰ. ①我…　Ⅱ. ①闫…　Ⅲ. ①房价－关系－居民消费－研究－中国　Ⅳ. ①F299. 233. 5②F126. 1

中国国家版本馆 CIP 数据核字（2023）第 025619 号

责任编辑：陆宗祥　　　　责任印制：史大鹏
封面设计：卜建辰　　　　责任校对：徐艳丽

中国财政经济出版社 出版

URL：http：//www. cfeph. cn

E - mail：cfeph@ cfeph. cn

社址：北京市海淀区阜成路甲 28 号　邮政编码：100142

营销中心电话：010 - 88191522

天猫网店：中国财政经济出版社旗舰店

网址：https：//zgczjjcbs. tmall. com

北京财经印刷厂印刷　　各地新华书店经销

成品尺寸：147mm × 210mm　32 开　7. 625 印张　183 000 字

2023 年 5 月第 1 版　2023 年 5 月北京第 1 次印刷

定价：66. 00 元

ISBN 978 - 7 - 5223 - 1923 - 0

（图书出现印装问题，本社负责调换，电话：010 - 88190548）

本社质量投诉电话：010 - 88190744

打击盗版举报热线：010 - 88191661　QQ：2242791300

前　言

促进居民消费对我国经济的健康发展是举足轻重的，国家十分重视稳定和扩大居民消费的工作。党的十九届五中全会以及2022年中央经济工作会议都强调了要扩大内需、提振消费。在此背景下，对我国家庭的消费行为展开系统的研究是非常有必要的。

近年来，我国经济发展中存在以下几个现象：（1）居民收入的不平衡。尽管我国的脱贫攻坚工作取得了重大胜利，但居民收入不平衡的问题仍然很严峻。正如李克强总理所说，我国仍然有6亿人属于中低收入及以下的阶层，他们的平均年收入不足我国居民人均年收入的一半。此外，《中国住户调查年鉴》显示，2003—2018年我国的基尼系数均超过了收入分配差距的“警戒线”（0.382），即我国的居民收入差距处于较高的水平。（2）地区间房价的差异较大。我国幅员辽阔，不同省（直辖市、自治区）之间的房价水平差异巨大。例如，2018年北京市的住房平均销售价格是贵州的7倍多。（3）房价的持续上涨。自1998年实施住房商品化改革以来，我国住宅的平均销售价格不断攀升，截至2018年，已由1854元/平方米上涨至8544元/平方米。（4）居民消费增长的乏力。统计数据显示，2000—2018年我国城镇居民的消费收入比由79.59%下降至66.53%。

那么房价与消费之间究竟存在怎样的关系呢？与现有的研究不同，本书从居民收入不平衡和地区间房价差异的视角出发，围绕社会地位寻求对家庭住房需求的影响及房价和消费之间关系的异质性分解进行理论分析。首先，将居民收入不平衡和非独立偏好纳入跨期消费效用最大化的分析框架中，证明了居民收入不平衡能够通过住房攀比对家庭住房需求产生刺激作用。其次，结合生命周期—持久收入假说和我国居民收入不平衡、地区间房价差异的现状，分析了房价和消费之间关系的异质性。其中，居民收入不平衡通过影响住房支付能力，进而导致不同收入阶层在住房拥有率、住房资产、多套房拥有比例三个方面均存在明显的差异，最终导致房价对不同群体消费的影响存在明显的差异；地区间房价差异意味着房价不同的地区家庭所面临的平均购房压力存在差异，最终导致了房价和消费之间关系的地区异质性。

根据上述理论分析，本书主要利用中国家庭追踪调查数据，从定量角度对房价和消费之间关系的异质性进行测度。主要研究内容如下：(1) 为了明确住房对于我国城镇家庭而言具有地位性属性，本书在考虑地区间房价差异和参照群体住房面积影响的基础上对住房的地位性属性进行了实证检验。本书利用面板有序 Logit 模型的回归分析证实了住房是地位性商品，能够表征个体的社会地位。这为深入研究家庭的住房需求奠定了基础。(2) 基于居民收入不平衡，本书在考虑地区间房价差异的基础上对家庭的住房需求展开了实证研究；利用中国家庭追踪调查（CFPS）数据和中国家庭金融调查（CHFS）数据，分别以不同的指标和数据对居民收入不平衡引发的住房攀比和家庭住房需求之间的关系进行了实证分析；在住宅土地供给有限的背景下，住房需求的扩大势必会带来房价上涨。此外，不同群体购房的意愿存在明显的差别，这些均为定量地研究房价与消费之间的关系奠定了坚实的基础。(3) 基于居民收入不平衡的视角，本书在考虑地区间房价差异和地区经济增长速度的基础上对房价与消费之间的关系进行了异质性和同质性的分解；以家庭购房压力系数为门限变量，运用面板门限模型对房价和消费之间关系的异质性进行了系统的实证研究。在此基础上，通过改变面板门限回归中 trim 的取值、利用户主的户籍属性重新界定城镇样本对基准回归进行了稳健性检验。此外，考虑到面板门限模型要求数据完全均衡以至于样本观测值的损失较大，本书还采用面板固定效应模型从另一个角度验证了房价对消费影响的异质性和同质性。

本书实证研究的主要结论为：（1）住房能够表征个人的社会地位。与周围人群的平均住房面积相比，家庭的住房面积越大，个人自评社会地位水平较高的概率就越大。（2）居民收入不平衡所引发的住房攀比是家庭住房需求的重要驱动因素之一。随着收入差距的拉大，各个收入阶层都基于社会地位攀比扩大了住房需求，且无房或现居住条件差的家庭购房的意愿更为强烈。（3）受居民收入不平衡的影响，房价和消费之间的关系存在家庭异质性。当家庭购房压力系数小于 15.7315 时，二者之间为显著的正相关关系；当家庭购房压力系数超过该门限值时，二者之间为显著的负相关关系。（4）房价对消费的影响存在地区异质性，其根本原因在于各地区（省、直辖市、自治区）房价水平存在明显的差异。（5）地区经济增长速度的加快既与房价的上涨紧密相关，又和居民消费的增长不可分割，它是影响二者的共同因素，如果忽略该变量的影响，房价上涨带来的财富效应将被严重高估。

本书的创新之处主要表现为以下几点：（1）在对家庭住房需求的研究中，将居民收入不平衡和非独立偏好同时纳入跨期消费效用最大化理论的分析框架中，完善了有关社会地位寻求和家庭住房需求之间关系的理论分析。（2）在研究房价与消费之间的关系时，将共同因素、居民收入不平衡和地区间房价差异纳入分析框架，拓宽了有关房价和消费之间关系研究的思路。（3）构建了家庭购房压力系数这个指标，该指标可以衡量同一地区内部的收入差距且针对不同地区的家庭具有可比性，丰富了购房压力指标的构建。（4）以家庭购房压力系数作为门限变量，通过实证研究分离出了房价对消费影响的家庭异质性、地区异质性和同质性，更加精确地分析了我国房价与消费之间的关系。

ABSTRACT

Promoting residents' consumption is importance to the healthy development of China's economy, and the country attaches great importance to the work of stabilizing and expanding residents' consumption. Both the Fifth Plenary Session of the 19th CPC Central Committee and the central economic work conference stressed the need to expand domestic demand and boost consumption. In this context, it is necessary to conduct a systematic study on the consumption behavior of Chinese families.

In recent years, the following phenomena have existed in China's economic development: (1) The imbalance of residents' income. Although China's poverty alleviation work has achieved a major victory, the problem of resident income imbalance is still very serious. As Premier Li Keqiang said, there are still 600 million people in China who belong to the low - and middle - income class and their average annual income is less than half of the average annual income of Chinese residents. In addition, the "Chinese Household Survey Yearbook" shows that from 2003 to 2018, China's Gini coefficient exceeded the "warning line" (0.382) of the income distribution gap, that is, the income gap of China's residents is at a relatively high level. (2) There is a big difference in housing prices between regions. China has a vast territory, and the level of housing prices varies greatly among different provinces (municipalities and autonomous regions). For example, the average sales price of housing in Beijing in 2018 was more than 7 times that of Guizhou. (3) The continued rise of housing prices. Since the implementation of the housing commercialization reform in 1998, the average sales price of residential houses in China has continued to rise. As of 2018, it has risen from 1,854 yuan per square meter to 8,544 yuan per square meter. (4) Weak consumption growth of residents. Statistics show that the ratio of consumption to income of urban residents in China dropped from 79.59% to 66.53% from 2000 to 2018.

So what is the relationship between housing prices and consumption? Different from the existing research, the article starts from the perspective of resident income imbalance and the difference in housing prices between regions, and conducts a theoretical analysis on the impact of social status seeking on family housing demand and the heterogeneous decomposition of the relationship between housing prices and consumption. First, the imbalance of residents' income and non-independent preferences are included in the analysis framework of maximizing the utility of intertemporal consumption, which proves that imbalance of residents' income can stimulate household housing demand through housing comparison. Secondly, it analyzes the heterogeneity of the relationship between housing prices and consumption based on the life cycle - persistent income hypothesis and the status quo of China's residents' income imbalances and differences in housing prices between regions. Among them, the income imbalance of residents affects the housing affordability, which in turn leads to significant differences in the housing ownership rate, housing assets, and multi-suite ownership ratio of different income groups, and ultimately leads to obvious differences impacts of housing prices on the consumption of different groups. The difference in housing prices between regions means that there are differences in the average house purchase pressure faced by households in different regions, which ultimately leads to the regional heterogeneity of the relationship between housing prices and consumption.

Based on the above theoretical analysis, the article mainly uses the data of the China Family Panel Studies to measure the heterogeneity of the relationship between housing prices and consumption from a quantitative perspective. The main research contents are as follows: (1) In order to clarify that housing has status attributes for Chinese urban families, the article conducts an empirical test on the status attributes of housing on the basis of considering the difference in housing prices between regions and the impact of the housing area of the reference group. This paper uses the regression analysis of the panel – ordered Logit model to confirm that housing is a status commodity, which can represent an individual's social status. This laid the foundation for an in – depth study of the household's housing needs. (2) Based on the imbalance of residents' income, an empirical study was carried out on the household's housing demand based on the difference in housing prices between regions. Using data from the China Family Panel Studies (CFPS) and the China Family Finance Survey (CHFS), I used different indicators and data to empirically analyze the relationship between the housing comparison caused by the income imbalance and the household's housing demand. In the context of the limited supply of residential land, the expansion of housing demand will inevitably lead to rising housing prices. In addition, there are obvious differences in the willingness of different groups to buy houses. These have laid a solid foundation for quantitative research on the relationship between housing prices and consumption. (3) From the perspective of resident income imbalance, the relationship between housing prices and consumption is decomposed into heterogeneity and homogeneity based on the difference in housing prices between regions and the rate of regional economic growth. Taking the family house purchase pressure coefficient as the threshold variable, the panel threshold model is used to conduct a systematic empirical study on the heterogeneity of the relationship between housing prices and consumption. On this basis, the robustness is tested by changing the value of trim in panel threshold regression and redefining the urban sample by using household registered residence attributes. In addition, considering that the panel threshold model requires data to be completely balanced so that the loss of sample observations is large, this paper also uses the panel fixed effects model to verify the heterogeneity and homogeneity of the impact of housing prices on consumption from another perspective.

The main conclusions of the empirical research of the article are: (1) Housing can represent an individual's social status. Compared with the average housing area of surrounding population, the larger housing area ofthe family, the greater probability that the individual's self – evaluated social status will be higher. (2) The housing comparison caused by the imbalance of residents' income is one of the important driving factors of family housing demand. With the widening of the income gap, all income groups have expanded their housing demand based on social status comparison, and families with no houses or poor living conditions are more willing to buy houses. (3) Affected by the imbalance of residents' income, the relationship between housing prices and consumption exists household heterogeneity. When the family house purchase pressure coefficient is less than 15. 7315, there is a significant positive correlation between the two; when the family house purchase pressure coefficient exceeds the threshold, there is a significant negative correlation between the two. (4) There is regional heterogeneity in the impact of housing prices on consumption, and the fundamental reason is that there are obvious differences in the level of housing prices in various regions (provinces, municipalities, and autonomous regions). (5) The acceleration of regional economic growth is not only closely related to the rise of house prices, but also inseparable from the growth of residents' consumption. It is a common factor affecting the two. If we ignore the influence of this variable, the wealth effect brought by the rise of house prices will be seriously overestimated.

The main innovations of this paper are as follows: (1) in the study of family housing demand, the imbalance of residents' income and non independent preferences are incorporated into the analysis framework of intertemporal consumption utility maximization theory, which improves the theoretical analysis of the relationship between social status seeking and family housing demand. (2) In the study of the relationship between housing prices and consumption, the common factors, the imbalance of residents' income and the regional differences of housing prices are included in the analysis framework, which broadens the research ideas on the relationship between housing prices and consumption. (3) The pressure coefficient of family house purchase is constructed, it can measure the income gap within the same region, and it is comparable for families in different regions, which enriches the construction of the pressure index of house purchase. (4) Taking the pressure coefficient of family house purchase as the threshold variable, this paper separates the family heterogeneity, regional heterogeneity and homogeneity of the impact of house price on consumption through empirical research, and analyzes the relationship between house price and consumption more accurately.

目　　录

第1章 绪　　论

1.1 研究背景和研究意义

1.1.1 研究背景

(1) 消费对我国经济发展的重要性。

无论是“中美贸易战”的打响，还是“新冠肺炎疫情”对世界经济的冲击，都提醒我们：扩大内需、发挥消费的基础性作用才是经济健康平稳发展的重要保障。从最终消费率的横向比较来看，中国与世界高收入国家之间的差距是非常明显的。自2000年以来，我国的最终消费率[①]一直在48.5%—63.3%徘徊，其中，2008年该指标为49.2%，截止到2018年这一指标已增长至54.3%。然而，2000—2016年，世界的最终消费率为73.12%—76.00%，高收入国家的最终消费率更高，处于76.00%—79.40%[②]。国家也十分重视稳定和扩大居民消费的工作。2020年10月29日，党的十九届五中全会提出了在未来的经济发展中

---

① 最终消费率反映了国家（地区）在一定时期内（一般是1年）的最终消费（包括居民个人消费和社会消费两部分）在当年GDP中的占比。下文我国最终消费率的数据来自《中国统计年鉴》。

② 世界最终消费率和高收入国家最终消费率通过居民最终消费支出占GDP的比重和一般政府最终消费支出占GDP的比重相加得出，数据来自世界银行（利用EPS数据平台中的世界经济发展数据库搜索得到）。

要构建新的发展格局，其中特别强调了国内大循环以及消费的重要性。2020 年 12 月 16 日至 18 日举行的中央经济工作会议强调，“来年要抓好的重点任务中包括坚持扩大内需这个战略基点”。总之，促进居民消费对我国经济的健康发展举足轻重。

（2）住房的三个属性。

住房是我国城镇家庭总资产的重要组成部分，中国人民银行 2019 年 10 月展开的调查显示，我国城镇家庭的住房拥有率已高达 96.0%，与美国家庭相比这一指标高出了 32.3 个百分点。一般而言，住房具有以下三个属性：一是消费品属性。它能够满足家庭的居住需求。二是投资品属性。随着房价的上涨，有房户的住房资产也将随之增值。三是地位品属性。当周围人群的住房条件比自家更优越时，表现为住房品牌、面积、地段、内饰和口碑等，人们明显会感觉自身的社会地位下降，自身效用也随之下降，在示范效应的驱动下，人们会扩大住房需求。住房的以上三个属性使得许多人都有“有房才有家”的思想，同时也是我国城镇家庭的住房拥有率处于较高水平的深层次原因。

（3）房价的持续上涨与居民消费增长的乏力。

1998 年我国实施了住房商品化的改革。自此住房价格不断攀升，家庭的住房财富随之增值，住房资产在城镇家庭总资产中占比很高。《中国统计年鉴》公布的数据显示，1998—2018 年，我国的住宅平均销售价格由 1854 元/平方米上涨至 8544 元/平方米，年均增长率高达 7.94%。其中一线城市的上涨幅度更高，例如，同期北京市和上海市住宅平均销售价格的年均增长率分别为 11.43% 和 12.48%。随着房价的上涨，我国城镇家庭的住房财富也迅速增值。《中国家庭追踪调查》（CFPS）数据显示，2010—2018 年，我国城镇家庭户均总资产由 46.38 万元增长至 128.57 万元。同期城镇家庭的户均住房资产也大幅增长（对应的指标分别为 41.35 万元和 105.15 万元）。值得注意的是，在我国城镇家庭的资产结构中，住房资产占据了重要位置。央行开展的家庭资产负债调查数据显示，2019 年住房在我国城镇家庭资产中的占比达到了 59.1%，金融资产的占比尚不足三分之一①。

根据生命周期假说，家庭的消费取决于其一生的财富水平，住房财富的增加理应对消费会有积极的促进作用，然而事实却并非如此。《中国统计年鉴》公布的数据显示，2000—2018 年我国的住宅平均销售价格经历了大幅的上涨（2000 年和 2018 年所对应的每平方米住宅的价格分别为 1948 元和 8544 元）。然而，结合中宏统计数据库发布的区域年度数据可知，同期我国城镇家庭的消费收入比②却由 79.59% 下降至 66.53%（如图 1.1 所示）。

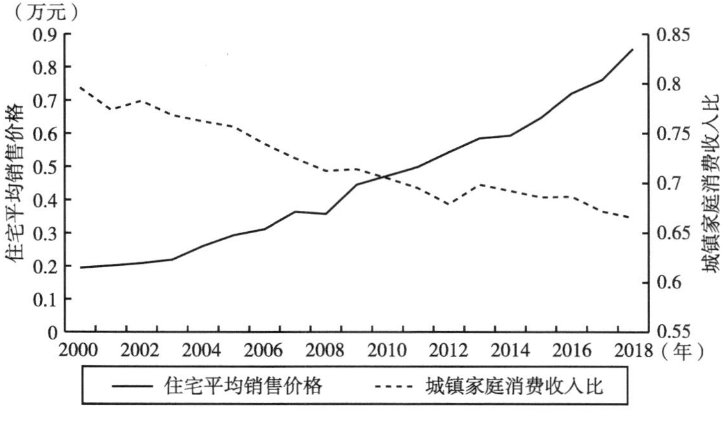

图 1.1　2000—2018 年我国住宅平均销售价格与城镇家庭消费率

资料来源：根据《中国统计年鉴》和中宏统计数据库中相关数据整理得出。

（4）居民收入不平衡和区域发展不平衡。

党的十九届五中全会指出，我国现阶段社会矛盾的主要方面包括了“不平衡”这一关键词，不平衡问题的主要表现包括居

① 数据来源于 https：//www. guancha. cn/economy/2020_04_24_548107_1. shtml。

② 这里是指城镇居民人均消费性支出与人均可支配收入之比。

民收入、区域发展等方面存在较大的差距。在研究房价与消费之间的关系时居民收入不平衡和区域发展不平衡也是不容忽视的。

居民收入不平衡主要表现为居民收入差距悬殊，进而使不同群体的住房可得性、所拥有的住房财富均存在明显差异。许多学者的研究显示，自改革开放以来我国的居民收入差距处于较高的水平（刘伟等，2018；周广肃等，2018）[1-2]。2019 年的《中国住户调查年鉴》显示，2003—2018 年我国的基尼系数一直处于较高的水平，均超过了收入分配差距的“警戒线”（0.382）（见图 1.2），2008 年更是高达 0.491。按照城乡、区域和行业三个层面，我国的居民收入差距还可进一步进行细分，进而将其划分为城镇内部、农村内部、城乡之间、区域之间和行业之间五个维度。本书主要研究房价与城镇居民消费之间的关系，因而更加关注城镇内部这一维度下的收入差距。

图 1.2　2003—2018 年中国居民人均可支配收入基尼系数

资料来源：作者根据《中国住户调查年鉴（2019）》中数据绘制。

2019 年的《中国住户调查年鉴》给出了 2000—2018 年中国城镇居民五等份分组下各组所对应的人均可支配收入。五等份分组是将城镇居民的人均可支配收入由低至高排序，按各组 20% 的比例将城镇居民划分为 5 个组别。数据显示，2000—2018 年我国城镇样本下各个组别的人均可支配收入均大幅增加，但同时收入差距呈扩大的趋势。2000 年城镇低收入户（20%）、高收入户（20%）的人均可支配收入分别为 3132 元、11299 元，截止到 2018 年这一指标已经分别增加至 14386. 9 元、84907. 1 元；同期，城镇高收入户（20%）与低收入户（20%）人均可支配收入的绝对差距（可支配收入之差）由 8167 元扩大至 70520. 2 元，其相对差距（可支配收入之比）也由 3. 6076 拉大至 5. 9017（见图 1. 3）。

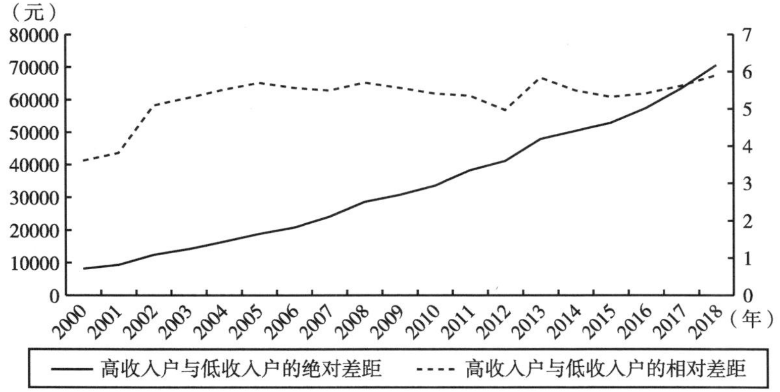

图 1. 3　2000—2018 年中国城镇高收入户与低收入户之间的收入差距

资料来源：作者根据《中国住户调查年鉴（2019）》中数据绘制。

区域发展不平衡有众多的表现，本书重点关注其中的地区（省、直辖市、自治区）间房价和地区经济增长速度的差异。区域经济发展不平衡强调不同地区之间发展水平的差异。我国各省（直辖市、自治区）经济发展水平之间的差异是十分明显的，各地区（省、直辖市、自治区）在房价水平和经济增长速度方面都差异巨大。例如，2018 年北京的住房平均销售价格是贵州的 7 倍多。2018 年人均 GDP 增长率最快的为陕西，达到了 10. 85%，而排在最后的吉林仅为 1. 41%。

在上述背景下，一个值得关注的现象是，家庭的住房面积也有所增长，即家庭的住房需求似乎有所扩大。自 1978 年以来，我国人均住房面积实现了快速增长，家庭的住房条件得到很大的改善。由《中国统计年鉴（2005）》可知，1978—2004 年我国城市人均住宅建筑面积由 6.7 平方米上升到 25.0 平方米，年均增长率为 5.19%。《中国家庭追踪调查》数据显示，2010—2018 年我国城镇家庭的人均住房面积由 34.42 平方米上升为 40.69 平方米，年均增长率为 2.11%。此外，在居民收入不平衡和房价上涨的背景下，有很多家庭仍然有购房意愿，在已购房的样本中，再次购房的家庭占比很高。由《2018 年一季度城镇家庭资产指数报告》可知，2017 年四季度至 2018 年一季度，在我国城镇家庭中有购房行为的家庭占比为 3.6%。其中，首次购房的家庭占比为 30.8%，再次购房家庭的占比为 69.2%。由此可知，不同群体的购房意愿存在差别，且在城市住宅用地供给有限的背景下，住房需求的扩大势必会引起房价的持续上涨。因而，对家庭住房需求展开深入的研究有助于深刻地理解房价与消费之间的关系。

在居民收入不平衡和区域发展不平衡的大背景之下，房价的攀升和消费增长的乏力同时出现，那么房价与消费之间究竟存在怎样的关系呢？本书将围绕这一问题展开严谨的理论分析和实证研究。

居民收入不平衡的存在会使个体强化对自身社会地位的关注。此外，这也意味着收入水平不同的群体在购房能力方面存在明显的差异，进而导致其住房拥有情况的不同。结合住房的地位性属性和社会地位寻求理论可知，居民收入不平衡导致的住房攀比会影响家庭的住房需求，在住宅土地供给有限的背景下，势必会导致房价的上涨，这些均会对房价与消费之间的关系产生影响。结合生命周期—持久收入假说可知，房价上涨对消费的影响存在异质性。对于有房户，房价上涨意味着家庭财富的增值，能够为其带来财富效应；但对于那些无房户和有购房意愿的家庭，房价上涨则意味着居住成本的增加，将抑制其消费的增长。从模型的设定来看，区域经济发展不平衡是我国现阶段经济发展所面临的问题之一，在研究我国房价与消费之间的关系时，必须考虑到这一因素，本书重点关注地区经济增长速度和地区间房价水平这两方面的差异。地区经济增长速度既与房价的上涨紧密相关，又与居民消费的增长不可分割。它是影响房价与消费的共同因素，因而在建立计量模型时不容忽视，否则就会导致内生性问题。地区间房价水平的差异意味着不同地区家庭所面临的平均购房压力存在较大的差异，导致高房价地区和低房价地区在住房拥有率、住房资产和多套房拥有比例方面表现出明显的差别。地区间房价水平是影响房价与消费关系的地区异质性原因，只有考虑了它，才能准确地测度房价与消费之间的关系。

需要注意的是，居民收入不平衡能够通过社会地位攀比影响家庭的住房需求，这与房价对不同收入阶层消费影响的异质性是紧密相关的。居民收入不平衡意味着不同群体的收入水平存在明显的差异，进而导致了其购房压力的差别。住房除了具有消费品和投资品的属性之外，还能够彰显房主的社会地位，住房的地位性属性使得低收入家庭（购房压力较大的家庭）宁可挤出消费也要实现改善居住条件的愿望。如果无法证明住房的地位性属性及社会地位关注对家庭住房需求的影响，那么家庭面临较高的购房压力时更为合理的解释就是放弃购房，而房价上涨对其消费并不会产生影响，也就不能合理地解释为什么房价上涨会抑制这些家庭的消费增长。因而在研究房价与消费关系之前有必要验证住房的地位性属性，并对社会地位关注与家庭住房需求之间的关系展开系统研究。现有学者关于家庭住房需求的相关研究大都是围绕人口学特征展开的，并没有考虑到住房的地位性属性、居民收入不平衡下的住房攀比以及地区房价差异对家庭住房需求产生的影响。目前关于房价与消费之间关系的研究大多数都是基于生命周期假说（Ando and Modigliani，1963）[3]，其研究结论却各有千秋。从房价（住房财富）对消费影响微弱或者无影响[4-9]，到二者之间为正相关关系[10-16]，再到房价的上涨对消费具有显著的抑制作用[17-20]。此外，也有研究显示房价对消费者既有促进作用和又有抑制作用（Sungwon，2011；陈峰等，2013；颜色和朱钟国，2013；李剑和臧旭恒，2015；李剑，2018）[21-25]。同时，松本町（Sungwon，2011）[21]、李剑和臧旭恒（2015）[24]、哈利法等（Khalifa et al.，2013）[26]在研究中注意到了收入差距对房价与消费之间关系的影响。然而，目前关于房价与消费之间关系的研究几乎都是基于以下两个假设展开的：第一，房价对购房压力不同的家庭消费的影响不存在异质性。第二，地区经济增长速度对房价与消费的关系并无影响。即均忽略了房价上涨对不同家庭消费影响的异质性，也没有考虑那些与房价及消费同时正相关因素的影响。

基于以上分析，本书认为，居民收入不平衡会导致房价对消费的影响存在家庭异质性，地区房价水平和地区经济增长速度又会分别导致房价与消费之间的关系存在地区异质性和同质性。有鉴于此，在研究房价与消费之间的关系时，本书重点考虑了以下几点：一是房价与消费之间的关系和居民收入不平衡有关。房价收入比通常是一个宏观指标，即平均而言，某个国家或某个地区的家庭需要多少年才能购买得起一套住房，反映了购房压力在国与国之间或地区间的差异。然而，即便生活在同一个城市，面对相同的房价，低收入家庭和高收入家庭的感受也不尽相同，消费行为也因此存在着差异。收入差距越大，消费行为的差异也越大。如果单纯采用房价收入比衡量家庭的购房压力，就会掩盖地区内部居民收入不平衡的影响；而若将各地区家庭划分为不同收入阶层来分析房价对各个收入阶层消费的影响又存在不可比的问题。有鉴于此，本书把“家庭购房压力系数”定义为：家庭所在地区（省、自治区、直辖市）现住房市值的中位数/家庭收入。二是房价上涨率对家庭消费增长率的影响是不对称的。在一个地区内部，购房压力系数由其收入水平决定：家庭收入水平越低，购房压力系数就越高，家庭所面临的购房难度就越大。不同收入群体的住房拥有率、住房资产、多套房拥有比例均存在明显的差异，故房价上涨与家庭消费之间的关系可能是非线性的。这是因为，房价上升的受益者是有房家庭，对租房群体或有购房计划的家庭而言，房价上涨则意味着居住成本的提高。而低收入家庭只有通过挤出消费才能达到改善居住条件的愿望。如果一个群体的住房拥有率足够高，财富效应就会占据主导地位，即房价上涨率与家庭消费增长率为正相关关系；反之，房价上涨则会对消费具有抑制效应。三是房价与消费之间的关系和地区房价差异有关。与国外的情况不同，中国是一个存在区域发展不平衡的大国，各个地区之间的房价水平差异巨大。由于多数家庭的收入增长率低于房价上涨率，导致高房价地区的家庭购房压力系数普遍高于其他地区，即高房价地区的购房压力系数相对更大。四是地区经济增长速度是影响房价和消费的共同因素。中国各省（直辖市、自治区）在不同年份经济发展速度快慢不一。经济增长速度加快能够提振人们的信心，从而对房价和消费都会产生一定的促进作用，即地区经济增长速度是一个共同因素。

1.1.2 研究意义

在中美贸易战和新冠肺炎疫情大流行等国际环境变化的背景下，中国提出要“形成国内大循环为主体、国内国际双循环相互促进的新发展格局”，在这一发展格局下，以居民消费为主的内需是我国实现双循环的主要支撑力。然而，现实中一个值得关注的现象是：一方面随着我国房价的持续上涨以住房财富为主的家庭财富迅速增值，另一方面居民消费增长乏力。中国人民银行2019年10月的调查结果显示，城镇居民家庭户均总资产已高达317.9万元，其中住房资产占了近六成。按照生命周期假说，家庭消费取决于其一生的财富。家庭拥有的住房资产规模如此庞大，理应对消费具有较大的促进作用，但事实却并非如此。由中宏统计数据库中的区域年度数据可知，2000—2018年城镇家庭的消费收入比由79.59%下降至66.53%。国内外现有文献都不能够充分地解释这一现象，因而构建系统的理论分析框架，借助严谨的实证方法对这一现象的作用机制进行深入的探讨具有重要的理论和现实意义。

1.2　研究框架与技术路线

1.2.1　研究框架及主要内容

(1) 研究框架。

本书根据“甄别问题—分析问题—解决问题”的思路对居民收入不平衡、地区间房价差异下我国房价和消费之间的关系进行了系统的理论分析和实证研究。首先，根据我国的经济发展政策及几个值得关注的经济现象，提出了对房价和消费之间关系进行系统研究的意义。其次，围绕消费理论、居民收入不平衡与消费、房价与消费关系的相关研究三个方面对相关文献进行了梳理总结，为后续的理论分析及实证研究奠定了基础。最后，对房价与消费之间的关系进行了系统的理论分析和实证检验。理论分析围绕社会地位寻求对家庭住房需求的影响及房价与消费之间关系的同质性和异质性分解展开，主要包括：基于跨期消费效用最大化和社会地位寻求理论分析了居民收入不平衡通过住房攀比最终对家庭住房需求产生的刺激作用；结合生命周期—持久收入假说和我国居民收入不平衡的现状，明确了房价与消费之间关系的家庭异质性；根据区域发展不平衡的现状，明确了地区经济增长率是影响房价与消费关系的同质性原因，而地区房价差异主要通过影响住房拥有率、住房资产的价值和多套房拥有比例进而导致房价对消费的影响存在地区异质性。实证检验围绕理论分析而展开，主要包括：利用面板有序 Logit 模型的回归分析，证实了住房的地位性属性；利用面板 Probit（Logit）模型的回归分析，明确了居民收入不平衡引发的社会地位寻求行为是家庭住房需求的重要驱动因素之一；构建了家庭购房压力系数用于衡量居民收入不平衡所造成居民购房负担的差异，将其作为门限变量并利用面板门限模型对房价与消费之间关系的同质性和异质性进行了分解。

（2）研究的主要内容。

本书研究的主要内容可以划分为以下四个部分：

第一部分是第 1 章，即绪论。该部分围绕消费对我国经济发展的重要性、住房的三个属性、房价的持续上涨与居民消费增长的乏力、居民收入不平衡和区域发展不平衡等方面介绍了相关的研究背景。在此基础上，明确了本书的研究意义，确定了本书的研究框架与技术路线，介绍了研究方法与创新点，最后还对本书实证分析所采用的数据来源及其处理进行了简单的介绍。

第二部分是第 2 章，即文献综述。该部分围绕消费理论、居民收入不平衡与消费之间的关系，以及房价和消费关系的相关研究三个方面梳理总结了国内外的相关文献。首先，梳理总结了相关的消费理论。其次，梳理了有关居民收入不平衡和消费之间关系研究的文献。该部分内容分别对绝对收入假说、主流消费理论和相对收入假说下居民收入不平衡与消费关系的研究进行了归纳。最后，对房价与消费关系研究的相关文献的整理和评述。该部分内容是在介绍中国住房改革的历程和住房财富效应的定义的基础上，进一步对国内外关于住房财富效应、抵押效应与共同因素的研究，居民收入不平衡、地区差异与住房财富效应的相关研究，金融市场下住房财富效应的相关研究，住房财富效应的其他研究进行了归纳总结。

第三部分是第 3 章，即理论与方法研究。该部分主要围绕以下内容展开分析：介绍我国近年来居民收入不平衡的现状，并在此基础上对社会地位关注、居民收入不平衡和家庭住房需求之间的关系进行了理论分析。从理论上来看，住房符合地位性商品的定义，但现实中住房是否具有地位性属性仍然需要通过严谨的实证分析来检验。首先，在分析现有关于住房地位性检验文献不足之处的基础上，本章提出通过实证分析验证住房地位性属性的切入点，即在考虑地区间房价差异对个体主观社会地位评价水平影响的基础上验证了住房的地位性属性。其次，基于跨期消费效用最大化和非独立偏好理论，分析了居民收入不平衡引发的社会地位关注对家庭住房需求的影响。当收入差距拉大时，各个收入阶层的社会地位寻求行为加强，最终使平均财富积累水平提高，进而对个体的财富积累水平产生刺激作用。最后，基于生命周期—持久收入假说，在考虑预期购房支出的基础上对房价与消费之间关系的异质性展开了系统的理论分析。在此基础上又基于居民收入不平衡与地区间房价差异的视角分析了房价与消费之间的关系。在上述研究的基础上，结合我国居民的消费特征提出了本书的研究假设。

第四部分是实证分析部分，包括第 4 章（住房的地位性检验）、第 5 章（社会地位关注与家庭住房需求）和第 6 章（我国房价与消费关系的异质性研究）。第 4 章在考虑地区房价差异的基础上通过实证分析检验了住房的地位性属性，为第 5 章关于家庭住房需求的研究奠定了基础。第 5 章主要利用 CFPS 数据和 CHFS 数据实证研究了社会地位关注和家庭住房需求之间的关系。一方面，无房和拥有住房套数较少的家庭购房意愿更为强烈，且在土地供给有限的背景下，家庭住房需求的变化与房价的变动是紧密相关的。此外，证明住房的地位性属性，并深入分析居民收入不平衡所引发的住房攀比对家庭住房需求的影响有助于深刻地理解房价上涨对不同收入阶层消费影响的异质性。第 5 章的实证分析揭示了不同群体购房意愿的差别以及房价上涨背后的深层次原因，为后续深入地研究房价上涨对消费的影响奠定了基础。第 6 章基于居民收入不平衡的研究视角，在考虑地区房价差异和地区经济增长速度的基础上，利用面板门限模型、面板固定效应模型实证分析了房价与消费关系的异质性。

1.2.2　技术路线图

见图 1.4。

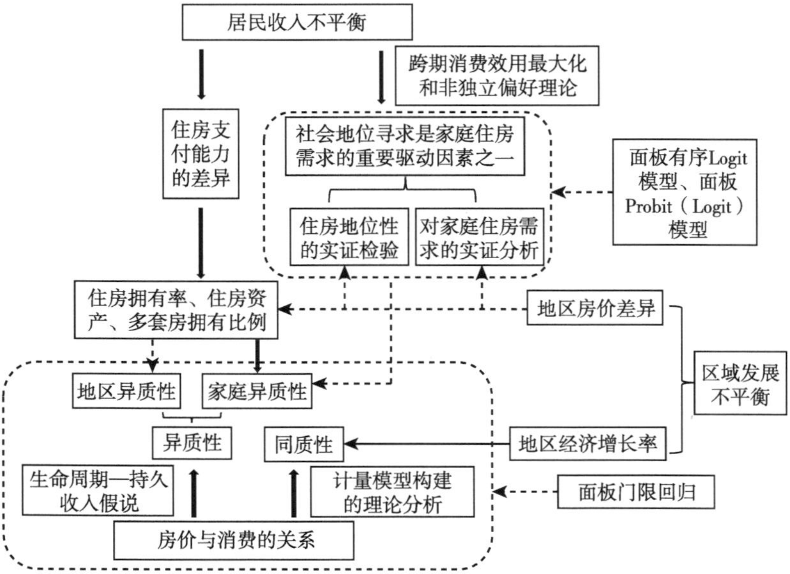

图 1.4　技术路线图

1.3　研究方法与创新点

1.3.1　研究方法

（1）文献分析法。

本书按消费理论、居民收入不平衡和消费、房价与消费关系的脉络收集了大量的文献资料，帮助笔者了解相关研究的整体情况。

（2）理论分析与实证研究相结合。

首先，文章将居民收入不平衡、社会地位关注纳入跨期消费效用最大化理论的分析框架中，对居民收入不平衡、社会地位寻求和家庭住房需求之间的关系进行了理论分析。在此基础上先采用 2010—2018 年的 CFPS 数据对住房的地位性属性进行了实证检验，然后结合 2010—2018 年的 CFPS 数据和 2013—2017 年的 CHFS 数据实证研究了居民收入不平衡导致的社会地位关注和家庭住房需求之间的关系。其次，本书基于生命周期—持久收入假说，结合我国居民收入不平衡和地区（省、直辖市、自治区）间存在房价差异的现状，对房价和消费之间关系的异质性进行了理论分析。基于理论分析，本书利用 2010—2018 年的 CFPS 数据对房价和消费之间关系的异质性进行了系统的实证研究。

实证研究中主要采用了以下几个模型：

第一，面板有序 Logit 模型。本书采用面板有序 Logit 模型，验证了住房的地位性属性，为深入研究家庭住房需求的影响因素奠定了坚实的基础。

第二，面板 Probit（Logit）模型。这两个模型均为面板二值选择模型，本书采用这两个模型实证研究了居民收入不平衡引发的住房攀比对家庭住房需求的影响。

第三，面板门限模型。本书以家庭购房压力系数作为门限变量，采用面板门限模型识别了房价上涨与家庭消费增长的非对称性影响。

第四，面板固定效应模型。本书采用面板固定效应模型，在避免样本观测值损失过大的前提下，对房价上涨与家庭消费增长的非对称性影响进行了实证分析。

总之，本书综合利用了多种较为前沿的计量经济学方法，结合详实的微观调查数据，基于居民收入不平衡和地区间房价差异的研究视角，实证分析了社会地位关注与住房需求之间的关系以及房价与消费之间关系的异质性。

（3）比较分析法。

首先，在住房地位性检验的实证分析中，对比了不同参照组下的回归结果。其次，在家庭住房需求的实证研究中，对比了以不同的指标测量收入差距时，回归结果的稳健性，并对比不同的微观调查数据库下收入差距对家庭住房需求的影响。最后，本书按家庭购房压力系数是否超过门限值，将家庭划分为购房压力系数较大的家庭和购房压力系数较小的家庭，对比分析了房价上涨率与家庭消费增长率之间的关系在两类家庭中的差异。同时，还对比分析了以不同的测度方法确定城镇样本、采用不同的计量方法时房价与消费之间关系的回归结果。

1.3.2 创新点

本书的创新之处包括以下几点：

其一，在对家庭住房需求的研究中，将居民收入不平衡、非独立偏好同时纳入跨期消费效用最大化理论的分析框架中，完善了有关社会地位寻求和家庭住房需求之间关系的理论分析。

其二，在研究房价与消费之间的关系时，将共同因素、居民收入不平衡和地区间房价差异纳入了分析框架，拓宽了有关房价和消费之间关系研究的思路。

其三，构建家庭购房压力系数这个指标。该指标可以衡量同一地区内部的收入差距，而且针对不同地区的家庭具有可比性，丰富了购房压力指标的构建。

其四，以家庭购房压力系数作为门限变量，通过实证研究分离出了房价对消费影响的家庭异质性、地区异质性和同质性，更加精确地分析了我国房价与消费之间关系的异质性。

1.4　数据来源及处理

（1）宏观数据。

宏观数据主要来源于《中国统计年鉴》、区域年度统计数据（利用 EPS 数据平台或中宏统计数据库获得）和房地产数据库（利用 EPS 数据平台获得）。涉及的变量主要包括全国或各省（直辖市、自治区）的住宅平均销售价格、居民消费价格总指数、人均 GDP、城镇居民人均消费性支出、城镇居民人均可支配收入、住宅商品房销售额和销售套数。

（2）微观数据。

第一，中国家庭追踪调查（CFPS）数据。

本书主要利用的微观数据——CFPS 数据，该微观数据按调查层级可以划分为个体、家庭、社区三个方面，其问卷内容涉及经济、人口、教育和健康等方面，包含丰富的家庭收支、资产和人口特征等方面的数据，为本书的研究提供了坚实的数据基础。自 2010 年（第 1 轮）基线调查以来，CFPS 数据已经完成了四轮追踪调查，收集了大量与家庭住房、消费相关的数据。CFPS 数据的基线样本覆盖了 25 个省（直辖市、自治区），分别为北京、天津、河北、山西、辽宁、吉林、黑龙江、上海、江苏、浙江、安徽、福建、江西、山东、河南、湖北、湖南、广东、广西、重庆、四川、贵州、云南、陕西、甘肃。

本书对 CFPS 数据主要做了以下处理:

①关于数据的筛选。考虑到目前我国农村并不存在完善的房地产交易市场，而且农村家庭的住房仍然以自建为主，因此本书在实证研究中只考虑了城镇样本。此外，CFPS 数据中每年都有一部分家庭的食品支出超过了年收入，其消费及购房行为不具一般性，本书排除了这些家庭。

②家庭户主的确定。CFPS 数据中并没有采集户主信息，但是有与其相关的变量。例如，2010 年调查问卷中包含“谁是家中的主事者?”这一问项；2012—2018 年的调查问卷中有关于财务管理者的问项，即“过去一年，您家哪位家庭成员最熟悉并且可以回答家庭财务的部分问题?”本书根据家中的主事者（财务管理者）确定了户主。

③异常值的处理。在实证研究中，价值类变量（如家庭人均纯收入、家庭人均非耐用品消费、家庭现住房市值、家庭住房资产等）均存在异常值，本书对这些变量分别进行了 1% 的双边缩尾处理。

④价值变量的平减处理。本书以 2009 年的消费价格指数为基准对所涉及的价值变量（主要包括家庭人均纯收入、家庭人均非耐用品消费等）进行了平减处理。

此外，需要注意的是，2010 年、2012 年、2014 年和 2018 年是调查年份，调查问卷询问的流量变量（如家庭收入、家庭消费等）发生于“过去一年”或“过去 12 个月”。而存量变量（如住房市值、债务等）对应的则是采访时刻的时点数据。例如，“过去 12 个月，您家衣着鞋帽的支出是多少钱?”“房子的当前市价是多少?”厘清变量的发生时间非常重要。例如，理论上家庭住房资产是消费的一个重要解释变量，但如果直接用

CFPS数据估计家庭住房资产对消费的影响，就等同于用当前住房市值解释过去 12 个月的消费。

第二，中国家庭金融调查（CHFS）数据。

本书在研究家庭住房需求的影响因素时，还采用了来自西南财经大学中国家庭金融调查与研究中心（以下简称“中心”）的 CHFS 数据。CHFS 数据是中心在全国范围内开展的抽样调查项目，收集了大量的与家庭金融相关的数据。

CHFS 数据中第一轮调查样本分布在全国的 25 个省（直辖市、自治区），分别为北京、天津、河北、山西、辽宁、吉林、黑龙江、上海、江苏、浙江、安徽、江西、山东、河南、湖北、湖南、广东、广西、重庆、四川、贵州、云南、陕西、甘肃、青海。和 CFPS 数据不同，该微观调查数据的基线调查中不包含福建省，但包括了青海省。

本书通过以下方法对 CHFS 数据进行了处理：一是排除了农村样本。二是在回归分析中排除了食品支出超过家庭收入的观测值。三是识别了户主的年龄。CHFS 数据直接给出了个体是否为户主的虚拟变量 hhead，本书据此确定了户主的年龄。

第 2 章 文献综述

2.1 消费理论

2.1.1 绝对收入假说

20 世纪 30 年代爆发的世界经济大危机造成了银行倒闭、生产下降、企业破产和人们失业。当时盛行的古典经济学理论在这一经济危机面前束手无策。在此背景之下，凯恩斯（keynes，1936）[27] 率先强调经济的萧条和较高的失业率与有效需求不足相关，而消费需求不足又是造成有效需求不足的重要因素，他认为收入是决定消费的主要因素，并提出了绝对收入假说（Absolute Income Hypothesis，AIH）。

绝对收入假说强调消费和收入之间存在稳定的函数关系，具体为：

$$c_t = \alpha + \beta y_t' \tag{2.1}$$

其中 c_t、y_t'分别代表 t 期总消费支出和当期可支配收入，α 代表自发性消费，通常假定其值非常小且为正，β 为边际消费倾向（Marginal Propensity to Consume，MPC），它的取值处于 0 到 1 之间。

凯恩斯指出平均消费倾向（Average Propensity to Consume，APC）为 c_t/y_t'，且边际消费倾向小于平均消费倾向；和边际消费倾向一样，平均消费倾向也是递减的。这就表明，收入水平和消费倾向之间是负相关关系，当收入不平等程度增加时，高收入群体将掌握更多的收入，但由于他们的消费倾向相对较低，居民消费的增长将变得乏力。

绝对收入假说对20世纪30年代的世界经济大危机有一定的解释能力，它对消费理论的发展具有里程碑的意义。但是，1942年库布涅茨的研究发现储蓄率表现出长期稳定性，这一点与凯恩斯的绝对收入假说理论明显不同，这就是著名的“库布涅茨悖论”。至此，绝对收入假说受到前所未有的质疑和挑战。

从绝对收入假说的理论来看，它主要存在以下问题：第一，绝对收入假说假定个体之间的消费是相互独立的，忽视了环境因素、其他社会因素对消费的影响。第二，绝对收入假说假定消费者是短视的，在确定性条件下研究消费者的静态即期消费行为，不能考虑消费者的跨期因素和长期消费决策。第三，绝对收入假说关于消费和收入之间关系的分析没有微观基础，基本都是从心理学角度出发进行的主观推测。

2.1.2　相对收入假说与社会地位寻求理论

（1）相对收入假说。

绝对收入假说强调每个个体的消费行为是互相独立的，并认为收入和消费之间的关系具有可逆性，即无论在什么情况下只要收入发生变化，个体的消费就会随之改变。1949年杜森贝里（Duesenbery）[28]提出的相对收入假说（Relative Income Hypothesis，即RIH）彻底推翻了上述假设。

从空间维度来看，相对收入假说强调个体的消费行为并不是独立的，即邻近个体之间的消费行为是紧密相关的，Duesenbery[28]称其为“示范效应”（Demonstration Effect）；从时间维度来看，相对收入假说考虑了习惯形成的影响，即个体的消费支出同时受到当前的收入、以前的支出（消费习惯）和历史收入的影响，Duesenbery[28]称它为“棘轮效应”（Ratchet Effects）。

事实上，示范效应所强调的正是消费存在攀比性，随着周围人群消费水平的提高，个体会在示范效应的驱动下增加自身的支出水平，即便在自身收入水平并没有得到改善的情况下也是如此。据此，个体的消费函数可以表示为：

$$c_t = f(y_t, \bar{y}) \tag{2.2}$$

其中 c_t、y_t分别对应第 t 期的消费及收入，$\bar{y}$ 表示消费者周围人群的平均收入。

棘轮效应是指人们的消费习惯一旦形成，就具有不可逆性，消费不仅与当期的收入有关，还与过去的收入、消费相关，且消费向上容易，向下难，即“由俭入奢易，由奢入俭难”。因此，当收入增加时，消费一般有所增加，而当收入下降时，消费会受到过去消费习惯的影响，不会立刻减少。根据棘轮效应，消费函数可以表示为：

$$c_t = f(y_t, y_0) \tag{2.3}$$

其中，y_0表示 t 期之前所达到的最高收入水平，式（2.3）表明当期的消费不仅和当期的收入有关，还和过去的最高收入相关。

相对收入假说的分析框架中考虑了偏好的非独立性和习惯因素，与绝对收入假说相比有一定的进步，但是该假说研究的是消费者在确定性条件下的即期消费行为，其最大的缺陷是没有考虑不确定性和消费者的跨期优化问题。

（2）社会地位寻求理论。

“社会地位”最早是社会学中的一个概念，定义为某一个体在群体中的受尊重程度。影响社会地位的因素很多，如个人的品德、能力、修养以及智慧等。18 世纪 50 年代时就已有学者认为社会地位寻求和财富之间是紧密相关的。亚当斯密（Smith，1982）[29]在

《道德情操论》中立足于人和人之间的关系，分析了人们追求财富背后的原因。他强调为了实现和维持社会地位，人们沉湎于追求财富，甚至不惜“极度”地工作。从亚当·斯密的描述中，可以推测，财富积累会产生社会地位，并且地位和个人的幸福息息相关（Pham，2005）[30]。庇古（Pigou，1920）赞同地引用了穆勒（Mill）的结论：“人们不是渴望变得富有，而是渴望变得比其他人富有。”

1899 年凡勃伦（Veblen）[31]在其著作《有闲阶级论》中明确了“炫耀性消费”的定义，他强调富人的炫耀性消费是一种显示自己声望和地位的手段，人们对奢侈品的炫耀性消费有助于获得和保持较高的名声地位。

1890 年马歇尔（Marshall）[32]在《经济学原理》中探讨了人类的欲望及其满足。他强调，虽然人们多样化的欲望很强烈，但优越感的欲望更加强烈，而且后者对人们的影响贯穿一生。Marshall 表示，人们有通过住房来遮风避雨的需要，但是这种需要对住房有效需求的影响是微乎其微的。因为一间面积很小的房子，虽然能满足人们遮风挡雨的需求，但却无法满足人们追求高品质生活的欲望，在一定程度上还会限制人们更高水平的活动。随着身边人高水平活动的增加，人们对更大房屋的需求变得更加紧迫。不论对于哪个社会阶层的人，拥有面积较大且设备完善的房屋都有助于个体获得社会声誉。即使是现在房屋面积已经足够大，社会声誉已经足够高，人们也总是追求更大的房屋和更高的社会声誉。

韦伯（Weber，1922）[33]是第一个将社会地位当作重要权力来源的人，并将其定义为通过消极或者积极的特权有效获得的社会尊重。韦斯和费希特曼（Weiss and Fershtman，1998）[34]指出，社会地位是一种被大多数人所接受的排序。鲍尔等（Ball et al.，2001）[35]指出社会地位是指人们以社会公认的标准对资源（权力）

期望的排序。人们追求更高的社会地位出于两个目的：一是直接增加效用。社会人本身有一定的地位偏好，高的社会地位意味着更能满足个体的自我实现需求（Heffetz and Frank，2008）[36]。二是间接获得经济收益。社会地位背后往往隐含着复杂的社会网络，强大的资源整合能力利于主体获得更高的经济收益（杨晓维和刘雯，2016）[37]。

相对收入假说（Relative Income Hypothesis，RIH）的提出使社会地位寻求理论的研究更加系统和规范。其中，“示范效应（demonstration effect）”研究了人们之间的攀比行为以及相对地位对消费的影响。相关研究表明：消费者的消费行为不是独立的，而是依赖于身边人的消费决策。当周围人的消费水平都增加时，即使自身的收入没有变化，消费者也会增加自身的消费支出。从攀比性的视角来看，示范效应强调人们总是乐于追求更高质量的商品。如果他们习惯使用一种商品，其他人使用更好商品的示范行为就会降低他们的效用，使他们不满意。如果消费者不知道其他人使用更优质商品的行为，那么他们的消费不会受到影响；但是消费者只要知道其他人的消费水平比自己高，就会觉得不满意。正如杜森贝里（Duesenbery）[28]所提到的“你了解的事才会令你神伤，不了解的事并不会令你受伤”。比如，当发现朋友的房子比自己的更大、更好时，人们会对自己的房子产生不满的感觉，自身的效用也随之下降。当这种不满的感觉积累到一定程度时，则会使人们采取行动消灭它，即通过增加支出，满足改善住房条件的欲望。

从相对地位的视角来看，社会具有分化的社会地位体系。人们对更高社会地位的追求使得其主要社会目标之一为“追求更高的生活水平”。为了实现这一社会目标，人们总是愿意追求更好的商品。当“追求更高的生活水平”成为大家公认的社会目标时，实现这一目标的重要性会通过社会化的过程灌输到每个人的大脑中，即这一社会目标被当作自我理想，而个体为了维持自尊会努力达成目标。取得相对较高社会地位的标准有很多，其中收入是一个重要的标准。高收入往往和高地位紧密相连。当人们认为一个高收入群体是具有优越地位的群体时，他们的消费水平本身就会成为判断成功与否的标准之一。人们为了实现更高的社会地位总是追求更高标准的消费。

杜森贝里（Duesenbery）认为，除了绝对消费水平之外，消费者的消费效用还与相对消费水平紧密相关。考虑消费者偏好的相互依赖（interdependent preference）性，那么它可以进一步表示为：

$$U_i = u_i\left(\frac{c_i}{\overline{c_j}}, \frac{A_i}{\overline{c_j}}\right) \tag{2.4}$$

其中，c_i表示个体 i 的消费，A_i表示资产，$\overline{c_j} = \sum a_{ij}c_j$，表示其他消费者消费水平的加权平均值。由式（2.4）可知，当 c_i一定时，U_i和 $\overline{c_j}$ 之间是负相关关系。

Duesenbery 的相对收入假说为社会地位寻求理论提供了一定的微观理论基础。莱本斯坦（Leibenstein，1950）[38]按照个体对商品（服务）的需求是否依赖于其内在属性，需求可划分为功能性需求、非功能性需求。其中，功能性需求强调个体在购买商品（服务）时更加关注它们的内在属性；非功能性需求则恰恰相反，强调个体在购买商品（服务）时更在意外部因素的影响，如攀比效应、虚荣效应、凡勃伦效应、投机性和不合理性。他对攀比效应、虚荣效应和凡勃伦效应下的消费需求进行了系统的理论分析，推进了社会地位寻求理论的发展。

社会地位寻求的模型包括以相对收入假说为基础的模型、以地位分布为基础的模型和以地位表征为基础的模型。

第一，以相对收入假说为基础的模型。

相对收入假说强调，个体的消费效用不是独立的，不仅取决于个体的绝对消费水平，还会受个体与周围人群（参照组）消费水平比较结果的影响。随后，贝克尔（Becker，1974）[39]和加利（Galí，1994）[40]将他人的特征引入效用函数中，用公式可分别表示为：$U_i = u(a, R)$（式中，a 为商品的数量，R 是包含个体 i 所处社会环境（social environment）特征的变量）和 $U = u(c, C)$（其中，c 表示家庭自身的消费水平，C 表示整个经济的平均消费水平）。因而，个体的效用水平是同时取决于自身及周围人群（参照组）的消费支出水平的。后来，许多学者不断细化 c 和 C 的具体关系，在效用函数中体现个体与他人的差距，逐渐形成了以下两个版本的效用函数。

一个版本是“追赶邻居”（catching up with the joneses）的效用函数，可以用差额和比值两种方式表达：

$$U_t = u(a_t, a_t - \lambda \bar{a}_{t-1}) \text{ 或 } U_t = u\left(a_t, \frac{a_t}{(\bar{a}_{t-1})^{\lambda}}\right) \tag{2.5}$$

另一个版本是“向邻居看齐”（keeping up with the joneses）的效用函数，它也可以通过差额和比值两种形式表达。

$$U_t = u(a_t, a_t - \lambda \bar{a}_t) \text{ 或 } U_t = u\left(a_t, \frac{a_t}{(\bar{a}_t)^{\lambda}}\right) \tag{2.6}$$

其中 U_t表示第 t 期的效用函数，a_t表示 t 期个体的地位性支出，a_{t-1}、$\bar{a}_t$分别为参照组在第 $t-1$ 期和第 t 期所对应的平均地位性支出水平。$0 \leqslant \lambda \leqslant 1$，代表 $\bar{a}_{t-1}$（$\bar{a}_t$）对个体效用的影响。

“追赶邻居”版本效用函数说明，参照组行为对个体行为的影响存在滞后期。当人际交往密度较低或者消费支出涉及金额较大时，个体当期的经济行为往往受上一期参照组消费行为的影响。“向邻居看齐”版本强调，消费者当期的消费决策受到当期参照组行为的影响，适用于个体可以较快捷地捕捉到周围人群的消费行为，并迅速对自身的消费行为做出调整的情形。

这类模型的优点是，在消费最优化问题中可以求得均衡解，许多学者利用这一模型构建了相应的理论模型（杭斌，2014；

曹建美，2015；张亮和杭斌，2016）[41-43]。

第二，以地位分布为基础的模型。

地位分布模型假设个体的地位由排序决定，不考虑个体与他人之间的差距，直接以地位分布函数体现地位性商品的位置。

弗兰克（Frank，1985）[44]定义了地位性商品（positional good）和非地位性商品（nonpositional good），并在此基础上建立如下包含地位性商品和非地位性商品的效用函数：

$$U = U(x, y, R(x)) \tag{2.7}$$

其中，x 表示地位性商品的消费水平，y 代表非地位性商品的消费水平，$R(x)$ 代表 x 的分布函数，其取值处于 0 至 1 之间。

罗布森（Robson，1992）[45]进一步将地位函数设定为：

$$S_F(w) = \frac{1}{2}F(w) + \frac{1}{2}F^+(w) \tag{2.8}$$

其中，$S_F(w)$ 表示由财富所决定的地位，w 表示财富水平，$F(\cdot)$ 是分布函数，$F(w)$ 表示财富水平低于 w 的个体总数与总人数之比，$F^+(w)$ 代表财富水平低于或等于 w 的个体总数与总人数之比。与财富 w 相关的地位等于财富水平低于 w 的个体数量占比加上 1/2 财富水平等于 w 的个体数量占比。

根据 Frank（1985）[44]的研究，个体将收入用于购买能够代表地位的可视性（位置性）商品［visible(positional) good］和不容易直接观测的其他（非位置性）商品［another(nonpositional) good］。霍普金斯和科尔尼恩科（Hopkins and Kornienko，2004）[46]在 Frank（1985）[44]和 Robson（1992）[45]的基础上，定义地位函数为：

$$S(x, F(\cdot)) = \gamma F(x) + (1-\gamma)F^-(x) + \alpha \tag{2.9}$$

其中，x 表示可视性或地位性消费支出水平，$F(\cdot)$ 代表地位性商品的分布函数，$\gamma \in [0,1)$，$F(x)$ 表示地位性商品支出低于或者等于 x 的个体数量占比，$F^-(x)$ 为地位性商品支出低于 x 的个体数量占比，$\alpha \geqslant 0$，是常数，代表最低的地位水平。

假定个体的效用函数由两部分决定：一是依赖于自身消费的常规效用函数 $V(x,y)$；二是依赖于自身的地位 $S(x,F(\cdot))$。则个体的效用函数如下：

$$U(x,y,S(x,F(\cdot))) = V(x,y)S(x,F(\cdot)) \tag{2.10}$$

假设个体的收入为 z，地位性商品 x 的价格是 p，非地位性商品 y 的价格为1，则个体面临的最优化消费决策为：

$$\max_{x,y} V(x,y)(\gamma F(x) + (1-\gamma)F^{-}(x) + \alpha) \tag{2.11}$$
$$\text{Subject to } px + y \leqslant z, x \geqslant 0, y \geqslant 0$$

相比以相对收入假说理论为基础的模型，这类理论模型与社会地位的定义更加接近，强调个体的效用依赖于所在群体中的排序。但是这类模型涉及分布函数，不容易求均衡解，学者一般用于理论分析。

第三，以地位表征为基础的模型。

可视性消费（visible consumption）在信息不对称的情况下可以表征个体的社会地位。爱尔兰（Ireland，1991）[47]建立了如下包含可视性消费的效用函数：

$$U = F(f(v,w),s) \tag{2.12}$$

其中，v 表示可视性消费支出水平，w 为非可视性消费支出水平，$f(v,w)$ 代表 v 和 w 给个体带来的效用，$s = f(v,g(v))$，表示可视性消费给个体带来的地位水平。

这类模型往往强调个体地位偏好的成因，比如，如果个体无法通过收入或者财富彰显自身的社会地位，则会通过可视性消费来表征自身的地位。

2.1.3　生命周期假说与持久收入假说

（1）生命周期假说。

1954年生命周期假说（Life Cycle Hypothesis，LCH）的诞生

(Modigliani and Brumberg)[48]逐渐引发了学术界的关注，1963 年 Ando 和 Modigliani[3]对该假说进一步完善和补充。生命周期假说考虑到了消费者的前瞻性，它强调个体总是按照其一生的收入和财富来决定各个阶段的消费，以实现整个生命周期消费效用最大化的目标。消费者处于年轻阶段时，收入微薄，不过对将来收入的预期是非常积极的，因而其消费倾向通常较高，甚至会有借贷消费的现象；中年时，消费者收入较稳定，预期未来收入不再增长，此时消费者一方面面临自身养老储蓄、子女教育储蓄等问题，另一方面要偿还以前的债务，因此，这一阶段个体的消费倾向会有所降低；老年时，消费者虽然面临退休后收入降低的问题，但有中年时做的养老储蓄作为补充，消费倾向不会降低。总之，消费者在生命周期的各个阶段，其收入和消费有不同的特点，消费者总是追求各个阶段的最优分配。

生命周期假说指出消费是可用的资源、资本的回报率和年龄的函数，在得出具体模型时，做了以下假设：①效用函数是齐次的；②消费者不存在遗产动机；③具有完全的资本市场；④效用函数和贴现率对于经济中不同的家庭而言均不存在差异；⑤预期收入与当前收入成比例；⑥消费分配不受未来预期收入不确定性的影响；⑦家庭规划的范围是整个生命周期；⑧时间偏好率是常数，且消费者的行为符合其一生的消费规划。满足假设的模型为：

$$c_t = \theta_1 y_t + \theta_2 y_t^e + \theta_3 A_{t-1} \tag{2.13}$$

其中，个体在第 t 期的总消费由等式左边的变量来表示，y_t 和 y_t^e 分别代表第 t 期的非财产性收入和预期每年的非财产性收入，A_{t-1} 是第（$t-1$）期的净财富。

生命周期假说认为消费受一生的收入和财产的影响。它突破了前面两种假说只考虑即期消费的问题，也合理解释了储蓄率的长期稳定性，但是它仍然是在确定性的假设下对消费进行研究，而没有考虑消费者未来收入的不确定性。

（2）持久收入假说。

持久收入假说（Permanent Income Hypothesis，PIH）（Friedman，1957）[49]认为，与绝对（相对）收入假说均不同，消费是由持久收入决定的，他将当前的收入 y（当前的消费 c）划分为持久部分（持久收入 y^p和持久消费 c^p）、暂时部分（暂时收入 y^t 和暂时消费 c^t）。

持久收入假说对应的消费模型可以表示为：

$$\begin{aligned} c^p &= k(r,f,u)\cdot y^p \\ y &= y^p + y^t \\ c &= c^p + c^t \end{aligned} \tag{2.14}$$

其中，r 表示当前消费者借贷的利率，f 是当前的财富收入比，u 代表当前消费者的偏好，$k(\cdot)$ 为边际消费倾向（MPC）。由式（2.14）中的第一个方程可以看出 c^p和 y^p之间的关系，其边际消费倾向 k 值的大小取决于 r、f 和 u，与持久收入无关。

Friedman 的研究显示，采用历史的收入可以对持久收入 y_t^p进行估计：

$$y_t^p = r\rho(y_t + \rho y_{t-1} + \rho^2 y_{t-2} + \cdots) \tag{2.15}$$

其中 $\rho = (1 + r)^{-1}$。

持久收入假说认为，就当期而言，收入和消费之间的关系并不稳定。如果当期收入的增加只是来源于暂时收入的话，比如意外获得的奖金、偶然捡到一笔钱等，那么对于消费者而言并不会增加太多的消费，因为消费者会考虑将这笔暂时收入分摊到整个长时期的消费上去。

持久收入假说和生命周期假说都是在 20 世纪 50 年代提出的，他们有很多的相似之处。两者都假定消费者具有前瞻性，考虑了消费者的跨期效用最大化，都认为消费与持久收入或一生的财富相关；当持久收入是一生资源的年金价值时，两者更加接近。但是，这两个理论强调的重点也有不同之处，持久收入假说强调消费与收入之间的动态关系，它几乎不关心人口特征对消费的影响；生命周期假说更为关注人口特征（如年龄）的影响（Deaton，1992）[50]。

2.1.4　理性预期持久收入假说

20 世纪 50 年代之后，理性预期理论对宏观经济学的影响是举足轻重的，霍尔（Hall，1978）[51]在消费函数中考虑到理性预期的影响，并在不确定性条件下对持久收入假说进行研究，理性预期持久收入假说（Rational Expectations Permanent Income Hypothesis，REPIH）随之诞生，并受到了广泛的关注。

Hall[51]认为，家庭会在一生的财富约束下选择随机的消费以实现具有时间可加性效用函数（time - additive utility function）的最大化，具体模型如下：

$$\max V(c_t, c_{t+1}, \cdots c_T) = E_t \sum_{\tau=0}^{T-t} (1+\delta)^{-\tau} u(c_{t+\tau}) \tag{2.16}$$

$$\text{s.t.} \quad \sum_{\tau=0}^{T-t} R^{-\tau}(c_{t+\tau} - w_{t+\tau}) = A_t \tag{2.17}$$

其中，E_t代表在第 t 期可用信息下的数学期望，δ 是主观的时间偏好率，$R=1+r$ 代表回报率，假定利率 r 是不随时间变化的常数，c 是消费，A 是去除人力资本的财产，T 是消费者的生命年限。$u(\cdot)$ 代表效用函数①，w 是收入，收入具有不确定性。

根据上述模型的一阶条件推导得出欧拉方程为：

$$E_t u'(c_{t+1}) = \frac{1+\delta}{1+r} u'(c_t) \tag{2.18}$$

① 这里假定该效用函数满足严格凹和时间可加性这两个特点。

Hall[51] 指出，在 t 时期只有 c_t 可以预测未来消费 c_{t+1}，在给定 t 期信息的情况下，$(t+1)$ 期消费边际效用的条件期望是 c_t 的函数，与 t 期或者 t 期之前的收入和财富没有关系。也就是说，边际效用服从随机游走，用公式表示为：

$$u'(c_{t+1}) = \frac{1+\delta}{1+r}u'(c_t) + \varepsilon_{t+1} \qquad (2.19)$$

$$E_t\varepsilon_{t+1} = 0$$

当效用函数是二次型时，欧拉方程为：

$$E_t c_{t+1} = \frac{1+\delta}{1+r}c_t \qquad (2.20)$$

消费者对 c_{t+1} 的预期只取决于 c_t，当主观时间偏好率 δ 与利率 r 相等时，消费的随机游走特征可以表示为：

$$c_{t+1} = c_t + \varepsilon_{t+1} \qquad (2.21)$$

其中，$E_t\varepsilon_{t+1}=0$，误差项 ε_{t+1} 在 t 期不可观测。式 (2.21) 表明，当期消费能够很好地预期下一期消费，下一期消费只与本期消费相关，其他所有变量（包括下一期的收入）都无法解释或者预测消费。在理性预期的假设之下，消费者预期到的未来收入及利率的变动会影响现在的消费，而不会影响将来的消费。例如，当政府发布将来某一天会永久地减少/增加税收的政策时，如果消费者相信这一政策一定会实施，那么消费者会在这一政策发布的当下立即增加/减少消费，而不是在这一政策实施时才调整消费。

2.1.5　生命周期—持久收入假说

生命周期假说强调消费者的目标是实现一生消费效用的最大化，即在面临不同年龄阶段收入波动的情况下维持其稳定的生活水平；持久收入假说更加侧重于预期一生可望得到的收入水平。Hall (1978)[51] 和弗莱文 (Flavin，1981)[52] 在理性预期和跨期效用最大化理论的基础上把持久收入假说对未来预期的强调和生命周期假说对财富和人口统计变量的关注结合起来，构建了生命周期—持久收入（LC - PIH）模型。

2.1.6 预防性储蓄与流动性约束

（1）预防性储蓄理论。

Hall 提出的理性预期持久收入假说（REPIH）表明消费是随机游走的，但现实中存在以下两种违背理性预期持久收入假说的现象：第一，消费对当期收入变动的过度敏感性[52-54]。第二，消费对持久收入变动的过度平滑现象（Deaton，1988）[55]。在此背景下，预防性储蓄理论应运而生，结合利兰（Leland，1968）[56]的研究可知，该理论认为当个体将来的收入存在较大的不确定性时，为了避免以后消费水平的下降，他会提前增加储蓄。

理性预期持久收入假说最大的缺陷是在研究收入的不确定性时，只考虑了消费函数是二次函数时一阶矩（均值）对消费的影响，没有考虑高阶矩对消费的影响。事实上，许多学者发现，二阶矩对消费者的行为有很大的影响（Leland，1968；Sadmo，1970；Kimball，1990）[56-58]。将欧拉方程（式 2.18）中 $u'(c_{t+1})$ 在 $u'(c_t)$ 处二阶泰勒展开可以得到：

$$E_t[u'(c_t)+u''(c_t)(c_{t+1}-c_t)+\frac{1}{2}u'''(c_t)(c_{t+1}-c_t)^2]$$

$$\approx\frac{1+\delta}{1+r}u'(c_t) \tag{2.22}$$

$$E_t\left(\frac{c_{t+1}-c_t}{c_t}\right)\approx\frac{u'(c_t)}{u''(c_t)c_t}\left(\frac{1+\delta}{1+r}-1\right)+\frac{1}{2}\left(-\frac{u'''(c_t)}{u''(c_t)c_t}\right)E_t\,(c_{t+1}-c_t)^2 \tag{2.23}$$

从式（2.23）可以看出，消费增长率取决于两部分，在理性预期持久收入假说下效用函数是二次函数且为凹函数时，

$u'''(c_t)=0$，且$\frac{u'(c_t)}{u''(c_t)}<0$。当利率大于时间偏好率时（$r>\delta$），消费将会增长；反之，消费将会减少。约等式右边的第二部分表示预防性储蓄，假设边际效用函数是凸函数时，则 $u'''(c_t)>0$，约等式右边第二项为正，即消费者存在预防性储蓄，此时，消费增长率要比效用函数是二次函数（$u'''(c_t)=0$）时的更大，在预算约束（式2.17）的限制下，更高的消费增长率必然对应更低的消费水平，这就意味着当消费者存在预防性储蓄行为时，其消费水平会随之下降。

令 $\pi(c_t)=\frac{c_{t+1}-c_t}{c_t}$，$\rho=\frac{u'(c_t)}{u''(c_t)c_t}$，$\gamma=-\frac{u'''(c_t)}{u''(c_t)}$，则式（2.23）可以简化为：

$$E_t(\pi(c_t))\approx\rho\left(\frac{1+\delta}{1+r}-1\right)+\frac{1}{2}\gamma\cdot c_t\cdot[E_t(\pi(c_t))]^2+\frac{1}{2}\gamma\cdot c_t\cdot var(\pi(c_t)) \tag{2.24}$$

式（2.24）中 $var(\pi(c_t))$ 是消费增长率的方差，可以看出，它越大，消费增长率就越高，从而消费水平越低。

假定效用函数是常数绝对风险厌恶（Constant Absolute Risk Aversion，CARA）函数，即 $u(c_t)=-\frac{1}{\gamma}exp[-\gamma c_t]$（Caballero，1990）[59]，如果 $r=\delta$，且收入是服从正态分布的随机游走序列，其标准差为 ε_w，消费可以表示为：

$$c_t=y_t^p-\frac{\gamma\varepsilon_w}{2} \tag{2.25}$$

其中，y_t^p为持久收入，$\frac{\gamma\varepsilon_w}{2}$表示预防性储蓄，预防性储蓄由收入的不确定性 ε_w 和消费者的谨慎系数 γ 决定，更高的收入不确定性和谨慎系数将导致更高的预防性储蓄和更低的消费水平。

（2）流动性约束理论。

由理性预期持久收入假说、生命周期—持久收入假说可知，消费并不会受到收入暂时变化的影响。但是当消费者遭受流动性约束和收入风险时，消费就会高度依赖于同期的收入（Deaton，1992）[50]。流动性约束对消费的影响体现在两个方面：一是当前个体正在遭受流动性约束，进而导致的消费支出下降；二是个体预期未来可能会遭遇流动性约束，也会抑制当期的消费支出，在当前个体面临的流动性约束非常宽松的情况下仍然如此。

流动性约束可以分为外生流动性约束和内生流动性约束。外生流动性约束强调资本市场的影响，它主要是指资本市场不够完善，难以满足个体的借贷需求，最终导致其消费高度依赖于现期的收入。近年来，我国消费信贷市场（特别是互联网金融借贷）的发展是十分迅速的，但在此背景下，中国居民的消费信贷需求仍然远远未得到满足。甘犁等（2017）[60]在《中国工薪阶层信贷发展报告》中指出，许多缺乏征信记录的人没有享受到金融服务，工薪阶层（即使已有信用卡）的信贷需求很难得到满足。整体来看，我国现有的信贷业务中，住房贷款仍然占比很大，消费信贷市场仍有很大的发展空间。2018 年的《中国金融稳定报告》显示，2008—2017 年在我国的住户部门贷款余额中，个人住房贷款的占比均超过了四成，最高值达到了 54%。

2011—2019 年我国家庭消费信贷的参与率均不足 15%，而 2010—2016 年美国的这一指标均超过了 60%①。国内许多学者的研究表明，家庭正规渠道借贷需求尚未得到满足（程郁等，2009；易小兰和宋玮楠，2013）[61-62]，个体所面临的信贷约束对消费具有抑制作用（黄倩和尹志超，2015）[63]。内生流动性约束

① 参见西南财经大学中国家庭金融调查与研究中心于 2019 年发表的《中国居民杠杆率和家庭消费信贷问题研究报告》。

强调家庭的自我约束行为，它是指当家庭面临不确定性时，自我设限，进而不敢借贷。与新中国成立初期相比，近年来我国的社会保障制度已更加成熟和完善，保障的范围也由部分群体扩大至全体居民（郑功成，2019）[64]。然而，与发达国家相比，仍然存在一定的差距，许多家庭需要面临养老、医疗以及子女教育等方面的压力。当预期未来的不确定性增强时，人们就会增加预防性储蓄、缩减支出，借贷欲望会因此而降低，有些家庭宁愿现在过“紧日子”也不愿意借钱，产生内生性流动性约束。

消费者预防性储蓄动机的变动与其收入的波动是紧密相关的，随着收入的大幅增加，个体的预防性储蓄动机随之减弱；相反，当消费者的收入下降时，其预防性储蓄动机会有所增加。卡罗尔和金博尔（Carroll and Kimball，1996）[65]指出，流动性约束和预防性储蓄动机是紧密相关的，消费者面临的流动性约束风险越大，预防性储蓄的动机就越强；而不确定性的加大会使个体更容易遭受流动性约束。

2.2　居民收入不平衡与消费

2.2.1　绝对收入假说下居民收入不平衡与消费关系的研究

收入差距如何影响消费，不同的消费理论有不同的解释。按照凯恩斯的绝对收入假说，收入越高边际储蓄倾向也越高。收入差距扩大意味着更多的收入向最富裕的家庭集中，全社会的储蓄率也将随之提高。张沂和胡日东（2003）[66]立足于城镇家庭，在构建收入差距—消费需求联立方程的基础上，研究了两者之间的关系。他们的估计结果显示，收入差距的拉大抑制了消费的增长。李军（2003）[67]对收入差距和消费之间的关系进行了严格的理论推导，结合数据测算后强调收入差距拉大对消费具有负向影响。苑小丰和范辉（2010）[68]基于绝对收入假说对我国收入差距和消费之间的关系进行了理论分析与实证检验，其研究结果表明，城乡之间收入差距的拉大不利于消费的增长。方臻旻和徐冰清（2014）[69]利用基尼系数、边际消费倾向和平均消费倾向三个指标建立了线性回归模型，对我国收入差距和居民消费之间的关系进行实证研究。结果表明，随着收入差距的拉大，高收入群体持有更多的财富，受其边际消费倾向递减的影响，整个社会的消费增长将会非常乏力。

2.2.2　主流消费理论下居民收入不平衡与消费关系的研究

与凯恩斯理论不同，生命周期假说、持久收入假说、理性预期持久收入假说等主流消费理论均认为收入差距对储蓄率没有影响。其中，持久收入（生命周期）假说均强调，每期的消费是个体持久收入的固定比例。当经济中的消费者具有相同的偏好时，收入分布的改变不会影响消费者的消费倾向，也就是说收入差距与经济中的储蓄率无关。与持久收入相比，理性预期持久收入假说有了很大的进步，但是关于收入差距与消费关系的研究，两者的结果是一致的（袁志刚和朱国林，2002）[70]。

然而，现实中上述结论很难成立。首先，不同消费者的偏好往往不同，在此背景下，收入差距会影响消费。其次，即使消费者具有相同的偏好，个体面临的不同约束（如信贷约束）会使得收入差距影响消费（储蓄率）。斯托克（Stoker，1986）[71]认为，即使消费者的偏好和所面临的约束完全相同，如果消费和收入之间存在非线性的关系，那么经济中的总储蓄就会受到收入分布的影响。事实上，已有学者的研究显示，两者之间的确存在非线性关系。朱国林等（2002）[72]在考虑预防性储蓄的基础上对我国收入和总平均储蓄倾向之间的关系进行了研究，其研究结果显示，两者之间存在非线性关系（马鞍形曲线）。

其他学者从持久收入假说理论出发，结合我国国情分析了收入差距和储蓄率之间的关系。其研究结果认为，收入差距的拉大和总储蓄之间是正相关关系。臧旭恒和张继海（2005）[73]基于持久收入假说，采用 1986—2003 年的《中国统计年鉴》数据，对居民收入不平衡和消费率之间的关系展开了实证研究，其估计结果表明，收入差距的拉大不利于总消费的增长。汪伟和郭新强（2011）[74]在生命周期—持久收入模型（LCH/PIH）的基础上，引入了收入不平等与目标性消费，构建了一个简单的两期模型对中低收入者和高收入者的效用最大化问题进行了研究。结果表明，如果不同收入水平的个体在时间偏好及消费习惯方面均不存在明显的差异时，与高收入者相比，中低收入者的储蓄倾向将更高，而且收入差距越大，社会的总储蓄率将越高。

2.2.3　相对收入假说下居民收入不平衡与消费关系的研究

从现有研究来看，越来越多的文献基于相对收入假说来研究居民收入不平衡和消费之间的关系。相对收入假说认为，收入分布的变化和家庭消费决策之间是紧密相关的。该理论强调，在一个群体中，个体收入水平的高低是相对的，因此，家庭的消费率和其收入在周围人群中的排序是密切相关的：当收入差距拉大时，低收入阶层会提高自身的消费率以向高收入阶层的消费水平看齐，最终将导致整个社会的储蓄率下降。社会地位关注与居民收入不平衡之间是紧密相关的（Frank et al.，2014；曹建美，2017；修磊，2017；杭斌和余峰，2018；张亮，2019）[75-79]。收入差距是社会地位寻求的前提。如果收入分配完全公平，所有个体的收入水平都相同，那么社会也不存在经济分层，社会地位攀比更是无从谈起。也就是说，居民收入不平衡意味着社会存在经济分层，进而导致了个体地位的不均衡（Wilkinson and Pickett，2010）[80]。

在相对收入假说下，学者们关于收入差距和消费之间关系研究的结论并不一致。一类学者强调收入差距的加剧会导致社会的储蓄率下降。弗兰克等（Frank et al.，2014）[75]用“支出瀑布”理论描述了收入不平等与消费之间的关系。当收入不平等加剧时，各个收入阶层的家庭会调整自身的储蓄和消费决策，使自己跟上在他们收入之上的家庭所增加的消费。中产阶级为了使消费与高收入家庭保持一致，会大量降低储蓄，降低储蓄的行为反过来又会导致那些排名较低的阶层的储蓄率进一步下降，即家庭的攀比对象是相对收入较高，且收入水平比较接近的人群，也即相对收入最高的家庭对其他家庭消费的影响存在从高到低的阶梯效应。拉詹（Rajan，2010）[81]基于相对收入假说的研究表明，正是因为收入差距的拉大刺激了家庭的住房需求，美国的私人储蓄率才会过低。另一类学者得出不同的研究结论。Hopkins 和 Kornienko（2004）[46]强调了当个体存在社会地位关注时，消费者通过不完全信息静态博弈确定自身的地位性消费。纳什均衡结果表明，收入不平等加剧时，社会地位关注使得高收入阶层更加重视炫耀性消费，而低收入阶层的地位性消费支出受到抑制。金烨等（2011）[82]利用 1997—2006 年中国城镇住户调查数据的研究表明，收入差距扩大时，家庭会基于社会地位寻求动机增加储蓄，并且这种刺激储蓄的影响对于低收入家庭和年轻家庭更加敏感。但是，收入差距的拉大会促进家庭的教育支出。纪园园和宁磊（2018）[83]强调随着收入差距的扩大，为了保持（追求）较高的社会地位，不同的收入阶层都会增加储蓄。具体而言，高收入阶层通过增加储蓄来避免自身社会地位的下降，低收入阶层会通过增加储蓄实现由低至高的社会阶层跨越。杭斌和修磊（2016）[84]利用 CFPS 数据，从社会地位寻求视角分析了收入差距与城镇家庭消费之间的关系。他们的研究表明，人们对社会地位的关注刺激了其对地位性商品的消费。受信贷约束的影响，随着收入差距的拉大，中低收入阶层通过减少非地位性商品的消费增加了储蓄。李江一和李涵（2016）[85]采用 2011 年和 2013 年的 CHFS 数据，基于相对收入假说研究了城乡收入差距对家庭消费的影响，其研究结果显示，城乡收入差距拉大时，农村家庭的生存型消费和享受型消费会受到抑制，城镇家庭的情况相反。

总之，收入差距的拉大使得人们更为关注自身的社会地位水平（Walasek et al.，2015）[86]，同时意味着收入分布的改变。各个阶层为了防止自身社会地位的下降，会更加关注自身的财富积累水平和地位性商品的消费。大量的研究显示，收入差距与消费信贷、地位性商品的消费支出、平均劳动时间之间为正相关关系（Christen and Morgan，2005；Bricker et al.，2014；Bowles and Park，2005）[87-89]。

从理论上看，住房具有地位性属性，然而现有关于住房需求的文献更多是基于人口学视角的研究，而忽略了社会地位攀比对住房需求的影响[90-96]。需要注意的是，也有一些文献考虑了社会地位关注和住房需求之间的关系。杭斌和余峰（2018）[78]利用中国家庭追踪调查数据实证研究了收入差距对各地区平均住房面积的影响，并在此基础上采用 Heckman 两步法分析了各地区平均住房面积对住房需求的影响。他们的估计结果表明，收入差距引发的住房攀比促使个体扩大了自身的住房面积。刘雯和杨晓维（2016）[97]将社会地位寻求动机引入经济增值模型，证明地位寻求动机对住房需求的推动性，并实证检验了家庭住房面积会随着周围家庭平均住房面积的增加而增加，且中等收入家庭的地位寻求动机更强烈，所受影响也更为明显。王立凯和张帅（2015）[98]构建了包含社会地位关注的住房需求模型，研究了预期收入差距对住房需求的影响。他们的研究显示，收入差距的缩小有利于降低家庭购房的压力，进而刺激消费。闫娜娜和杭斌（2020）[99]利用中国家庭追踪调查数据构建了能够表明家庭有明确购房意愿的指标，并基于收入差距和社会地位关注的研究视角分析了收入差距引发的住房攀比对家庭住房需求的影响。

2.3 房价与消费关系的相关研究

2.3.1 中国住房改革的历程

（1）住房统一分配时期（1949—1978 年）。

在新中国成立之初，住房供给存在严重的不足。受资金不足的影响，快速新建住房这条路是行不通的，当时政府采取的措施主要是统筹安排现有住房。国家通过多种措施整合了现有的住房资源。例如，没收反动旧势力的住房；同时，国家还对私有住房进行了社会主义改造，主要包括国家经租、公私合营、对其他类型的经租房屋加强管理等措施（李宏和闫坤如，2019）[100]。

从新中国成立至 1978 年，政府和企业通过福利分房，满足人们的住房需求。但是在低租金福利分房的制度下，国家面临住房建设资金投入多、回报少的问题，这一时期我国住房建设的发展较慢。“筒子楼”是这一时代的记忆，家庭的人均住房面积小和条件差是大多数家庭所面临的问题。

（2）住房商品化的探索阶段（1978—1998 年）。

随着经济发展和城镇人口的增加，福利分房的缺陷逐渐显现。首先，福利分房越来越难以满足居民的基本生活需求。在福利分房制度下，单位仅向职工收取少量的租金。据统计，1981 年全国平均房租占职工家庭收入的比重仅为 1.39%（孙鸣阳，1986）[101]。过低的租金加大了国家的负担，使住房建设资金周转期变长，住房建设形成了恶性循环，人们的居住条件得不到改善。一方面，家庭面临人均住房面积小。据统计，与新中国成立时相比，1978 年我国城市人均住房面积有所下降（李斌，2018）[102]；另一方面，居民的住房条件较差。许多城镇家庭住在瓦片平房中，没有独立的卫生间，公共厕所的数量也非常有限。单位分配的房子大多仍是“筒子楼”，狭长的楼道光线昏暗，空气流通不畅。其次，低租金福利分房过程中容易产生“寻租”的现象。单位主要通过工龄、厂龄、家庭人口数量等因素确定福利分房的标准，在这个过程中一些人以权谋私，违背了住房分配的初衷。最后，住房分配制度阻碍了劳动力的自由流动。住房将职工和单位紧密地联系在一起，职工离开单位意味着住房必须上交，这在很大程度上阻碍了劳动力的合理流动。

经过多次对住房商品化的探索之后，我国开始逐步实施对住房制度的改革。一是住房商品化的确定。1978 年 10 月 20 日，邓小平同志在视察居民住宅楼时，询问住房能否成为商品，这个问题成为住房制度改革的“破冰”之问。一年多之后，他指出城镇居民可以自由买卖房屋（包括新房和老房），并强调买卖房屋可以选择分期付款，这为住房制度的改革指明了方向。20 世纪 80 年代学术界关于住房商品化的讨论改变了“住房是福利”的观念，人们逐渐接受住房是商品的事实。二是在试点城市实施公房出售。1982 年，国家在四个试点城市（常州、郑州、沙市和四平）率先实施了“三三制”售房政策，即政府、企业和个人分别承担 1/3 的房价。1984 年，国家进一步扩大了试点范围。三是从“提租补贴”到住房改革的全面推进。1986 年，国务院在试点城市实施了在提高房租的同时给予职工住房补贴这一政策。1988 年，“商品化”成为住房制度改革中的首要关键词。1994 年，国务院在《关于深化城镇住房制度改革的决定》中强调要建立与我国国情相适应的新的城镇住房制度。1997 年，住房公积金制度在我国一些经济发展水平较高的城市已经普遍建立，住房商品化改革的进程有所加快，居民的住房自有率实现了快速的增长。

（3）住房商品化的深化改革阶段（1998—2012 年）。

1998 年国务院提出住房分配要实现由实物到货币的转变，

并提出了要发展住房金融。在政策的支持下，居民的购房能力得到了很大的提升，家庭的住房需求也有所扩大。2003 年，国务院强调要发展住房信贷，特别关注了个人住房贷款中的担保问题。在房地产市场积极发展的同时，一些城市出现了“过热”的问题，主要表现为房价、地价的过快上涨以及投机性购房的活跃。为了遏制上述问题，促进房地产的健康平稳发展，国家相继出台了相应的调控措施。2005 年国务院办公厅颁布了“国八条”。2009 年国务院常务会议分别从供给、需求、监管和保障房建设四个方面提出了“国四条”。2011 年“新国八条”的推出强化了差别化的住房信贷政策，有助于进一步做好房地产市场的调控工作。

（4）住房市场规范化发展阶段（2012 年至今）。

2012 年党的十八大报告强调，我国的住房制度要兼顾市场化配置和政府的保障，其中保障性住房和困难家庭的住房需求之间是紧密相关的，加强对前者的建设和管理，有助于解决困难家庭的住房问题。2016 年中央经济工作会议强调了住房的居住属性，进一步明确了住房的定位，即“房子是用来住的、不是用来炒的”，这为促进住房的规范化发展指明了方向。党的十九大报告强调要通过增加住房供给、完善住房保障、结合租购并举，来满足人们的居住需求。2020 年 10 月，党的十九届五中全会指出，要坚持“房住不炒”的定位，健全房地产市场健康发展长效机制，通过发展住房租赁市场等满足住房消费需求。2020 年 12 月，中央经济工作会议指出解决好大城市住房突出问题是 2021 工作的重要任务之一。

2.3.2 住房财富效应的定义

“财富效应”概念先后由哈伯勒（Haberler，1929）[103]和庇古（Pigou，1943）[104]提出，是指随着物价的下降，人们所持货币的实际价值增加，消费者的财富水平和富裕程度提高，从而会增加消费支出。之后，持久收入假说和生命周期假说将资产（财富）纳入了基本的分析框架中，并考虑了其对个体消费产生的影响。随着居民资产结构的多样化，学术界普遍认为，财富效应是指资产价格的变动，引发了资产价值的增减，进而对消费产生的促进或抑制作用。

本书中住房财富效应是指房价的上涨通过影响住房财富价值而对消费产生正影响的过程。房价上涨对家庭消费兼有拉动效应（直接财富效应和抵押效应）和挤压效应（首付压力和还贷压力导致的流动性约束等）。一方面，房价的上涨能够带来财富增值，提高住房的抵押价值，通过直接财富效应和抵押效应促进消费的增长；但另一方面，对于那些无房户或有购房计划的家庭而言，房价的上涨意味着房租或购房成本的增加，对个体的消费又具有明显的抑制作用。

2.3.3　住房财富效应、抵押效应与共同因素

现有文献几乎都是围绕以下几点对房价和消费之间的关系展开研究的：一是直接财富效应。即房价上涨后，家庭的财富水平随之增加，进而对消费产生积极的刺激作用。二是住房的抵押效应。即房价上涨能够提高家庭的可抵押价值，家庭可以借到更多的资金，用于支持其高水平的消费。三是共同因素。房价和消费受共同因素（比如预期收入）的影响，预期收入的增加同时刺激了住房需求（在住房供给一定的情况下，推动了房价的上涨）和消费的增长。四是其他因素的影响。

（1）直接财富效应的相关研究。

第一，房价上涨（住房财富）对消费无影响。有许多文献强调住房财富和消费之间并不存在相关关系。艾略特（Elliott，1980）[4]认为，对财富的恰当定义是一个经验性问题，只有家庭

愿意“兑现（cash in）”的财富才会产生财富效应。他利用美国季度调查数据进行研究，结果显示，不动产对家庭消费的变动没有影响。他利用家庭收入动态面板数据（Panel Study of Income Dynamics，PSID）进行实证研究，结果显示，当运用固定效应模型进行估计时，住房财富的增加对消费没有影响。霍恩斯和麦克法登（Hoynes and McFadden，1994）[5]利用微观数据研究了房价变动对非住房储蓄的影响，结果显示，房价上涨对非住房储蓄的影响并不显著。莱文（Levin，1998）[6]基于行为生命周期理论的研究显示，消费支出对收入和流动性资产的变化敏感，但对住房资产的变化不敏感。彭力扬（Phang，2002）[7]利用 1981—2000 年时间序列数据研究了新加坡的房价和消费之间的关系，其实证研究的结果显示，房价与消费之间的正相关关系在统计学上并不显著。西尼和苏莱勒（Sinai and Souleles，2003）[8]，坎贝尔和可可（Campbell and Cocco，2007）[13]都曾指出对那些将住房用于长期居住的家庭而言，房价的上涨只是对高房租的补偿，很难对家庭的消费产生刺激作用。李涛和陈斌开（2014）[9]利用 2009 年的中国城镇家庭调查数据进行实证研究，结果显示，住房资产不存在财富效应。

第二，房价上涨（住房财富）对消费具有正向的影响。国内外许多学者的研究显示房价上涨对消费具有积极的刺激作用，即存在财富效应。皮克（Peek，1983）[10]并不支持 Elliott（1980）[4]的研究结果。他质疑其估计真实非金融资产的方法。他在考虑净资本利得的基础上重新进行实证检验，结果显示，当住房财富增值时，储蓄将会下降。巴蒂亚（Bhatia，1987）[11]利用 1960—1974 年的宏观季度数据，运用住房调查数据（Census of housing data）中的住房资产价值替换了 Elliott（1980）[4]的研究中相应的变量，重新估计之后的结果显示，当住房财富增值时，消费将会随之增长。凯斯等（Case et al.，2001）[12]采用美国各州的季度数据、14个发达国家的年度数据对住房财富与消费之间的关系展开了系统的研究，其研究结果显示，两者之间存在正相关关系。Campbell 和 Cocco（2007）[13] 运用英国的家庭消费调查数据①对房价波动和家庭消费决策之间的关系展开了实证分析。他们指出，不断上涨的房价可能会通过增加家庭的财富感知，或者通过放松借贷限制来刺激消费。他们指出，与年轻租房者相比，老年房主的消费受房价变动的影响更大。宋勃（2007）[14] 基于我国1998—2006年的房地产价格和居民消费季度数据的研究结果显示，我国房价的上涨能够带来消费的增长，即财富效应是存在的。黄静和屠梅曾（2009）[15] 首次采用微观调查数据的研究显示，住房财富对家庭消费的弹性系数在0.08—0.12，与收入的消费弹性系数0.27相比，前者是不可小觑的。杨碧云等（2017）采用2011年的中国家庭金融调查数据（CHFS），选择家庭住房净财富水平（家庭所拥有的住房资产市值与房贷债务的差）作为核心解释变量，实证研究了家庭住房财富与消费之间的关系。他们的研究结果表明，家庭住房财富与消费之间为显著的正相关关系。

第三，房价上涨（住房财富）对消费具有负向的影响。住房不仅是资产，它也是一种提供居住服务的耐用品，对于不同的家庭而言，房价上涨和消费之间的关系是明显不同的。房价上涨使得有房户的财富实现了增值，其消费也将因此而受到刺激；而租房户的居住成本将随房价的上涨而增加，房价上涨将不利于其消费的增长；对于无房且有购房计划的家庭而言，房价上涨无疑增加了他们的购房负担，抑制了其消费的增长。希纳（Sheiner，1995）[17] 利用1984年的PSID（Panel Study of Income Dynamics）数据研究了房价与年轻家庭的储蓄之间的关系，强调房价上涨可

① Family Expenditure Survey，FES.

能通过改变家庭需要积累的首付金额而影响其储蓄。其实证研究结果显示，房价上涨与储蓄之间为正相关关系，而且对年轻家庭的影响相当大。在控制家庭收入、地区人均收入后高房价地区的年轻租户拥有更多的储蓄。谢洁玉等（2012）[19]采用中国城镇住户调查数据，对房价和消费之间的关系展开了实证研究。他们的分析结果显示，两者之间存在显著的负相关关系，对于那些购房概率较大的家庭（家中有未婚男性或虽已有房但现住房市值较低），房价上涨对消费的抑制作用更强。王亚楠（2020）[105]利用2010—2014年的CFPS数据，用房价收入比衡量家庭所承受房价压力的大小，对房价压力和家庭文化消费之间的关系进行了实证分析。房价收入比是一个微观家庭层面的指标，它是根据家庭每年的租房和房贷支出与家庭收入之比计算得出的，利用双向固定效应模型的估计结果显示，房价压力对家庭文化消费具有正向的影响，但它对家庭总消费的回归系数却是显著为负的。刘颜和周建军（2019）[106]以我国281个地级市作为研究对象，结合其14年间（2003—2016年）的面板数据，运用面板门限模型实证研究了房价与消费之间的关系，他们强调房价水平对消费兼有财富效应和挤出效应，最终影响取决于二者谁占主导地位。他们以地区的金融发展水平和房价增长率作为门限变量进行研究，结果显示，房价水平对消费支出的挤出作用占主导地位，两者之间为显著的负相关关系。在地区的金融发展水平和房价增长率处于不同水平时，房价对消费的负向影响程度也有所不同。李春风等（2014）[107]基于1999—2012年我国的省际面板数据，对房价和消费之间的关系展开了实证研究。他们的研究表明，房价上涨对消费整体上是负向的抑制作用，而且这种抑制作用存在地区差异。“房奴效应”通常是指购房负担对消费的长期压抑作用，既包括家庭在买房前为了积攒首付款对消费的挤出，也包括家庭在购房后因为还贷压力对消费的长期抑制。杨赞等（2014）[108]基于 2002—2009 年的中国城镇住户调查数据，在考虑家庭再购房动机的基础上实证研究了房价对家庭消费的影响。他们的研究结果显示，居民存在购房需求（为子女购置婚房、改善性购房和投资性购房）是导致房价与家庭消费之间负相关的重要原因。李江一（2017）[109]分别考察了“房奴效应”的两大表现：购房动机与还贷压力对家庭消费的影响。他利用 2011 年和 2013 年的《中国家庭金融调查》中的数据得到的估计结果表明，购房意愿对家庭的消费支出具有挤出效应，而偿还住房贷款使家庭消费受到了严重的流动性约束。

第四，房价上涨（住房财富）对消费兼具正向和负向影响。如前所述，房价上涨对消费既有正向影响，也有负向影响。与前述研究不同，另外一些研究从理论或实证分析中分离出了房价对消费的正向影响与负向影响。松本町（Sungwon，2011）[21]利用韩国的家庭调查数据，实证研究了房价变化对不同收入水平的家庭消费影响的异质性。其研究结果表明，房价上涨对不同收入阶层的影响存在非对称性，对高收入家庭表现为财富效应，对低收入家庭表现为抑制作用。颜色和朱国忠（2013）[23]的研究显示，当房价永久增长时，房价上涨所带来的住房资产增值和总消费之间存在正相关关系。但现实中，房价往往不会永久持续上涨，购房和还贷压力对家庭的消费支出存在挤出效应。也有学者通过分组回归来分析房价对不同收入群体消费影响的差异。陈峰等（2013）[22]基于我国 31 个省（自治区、直辖市）的面板数据，实证分析了房价上涨对不同收入群体消费影响的差异。他们的估计结果显示，对于高收入和中等收入群体而言，房价与消费之间为显著的负相关关系，而对于中等偏高收入群体而言，两者之间为显著的正相关关系。李剑和臧旭恒（2015）[24]基于 2004—2011 年的省际面板数据，对我国房价和消费之间关系展开了系统的实证研究。他们在考虑了房价对不同收入水平群体消费影响的差异性后发现，房价对中低收入群体具有挤出效应，对中等、中等偏上收入群体的消费具有财富效应，对高收入群体消费的正向刺激作用不显著。

（2）住房抵押效应的相关研究。

房价上涨还可以通过提高家庭的可抵押价值，缓解家庭面临的信贷约束，促进消费的增长，即住房的抵押效应。住房是一种可以用于抵押贷款的资产，对于存在流动性约束的家庭而言，即使房价上涨没有财富效应，它也可以通过放松流动性约束来刺激消费。贝尼托和穆姆塔兹（Benito and Mumtaz，2006）[110]基于理性预期持久收入理论，利用1992—2002年的英国家庭调查数据实证检验了消费对收入的过度敏感性，并分析了住房净值与债务在平滑消费中发挥的作用。他们的研究显示，英国有20%—40%的家庭消费对收入存在过度敏感，住房净值与消费对收入的敏感度之间是负相关关系。住房通过充当两种角色对消费产生影响：一是住房净值可以作为缓冲储备，拥有住房净值提高了家庭平滑消费的能力。二是住房具有抵押品属性，当家庭的现金流不足时，住房能够在一定程度上缓解流动性约束。文森（Vinson，2018）[111]利用PSID数据研究了房价变动与消费变动之间的关系，其结果显示，房价与消费之间是正相关关系。他强调房价的上涨能够放松家庭面临的流动性约束，并用杠杆率（loan - to - value）的高低衡量家庭是否受到信贷约束，结果表明房价变动对高杠杆家庭消费变动的弹性系数更大。

也有一些学者尝试区分财富效应和抵押效应。李文丽和姚瑞（Li and Yao，2007）[112]利用消费者金融调查数据（Survey of Consumer Finances）的研究表明，按照年龄将家庭划分为年轻、中年和老年家庭之后，中年家庭的消费对房价变化的敏感性反应最弱。年轻家庭更容易受到流动性约束，因而房价上涨带来的抵押效应能够促进其消费增长。老年家庭的预期寿命相对较短，它们会选择将住房资本收益用于消费。中年家庭积累了足够的流动性资金，他们预期寿命也相对较长，因而房价对其消费支出的影响最小。Campbell and Cocco（2007）[13]利用英国的家庭支出调查数据，结合理性预期理论将房价的变动划分为预料之中和预料之外，并以此来衡量抵押效应和财富效应，在此基础上对房价和消费之间的关系进行了实证研究。他们的研究结果显示，可预见的房价变化与消费变动之间为正相关关系，即房价上涨带来的住房抵押价值增加能够缓解家庭的流动性约束，促进其消费的增长。高玲玲等（2018）[113]利用 CFPS 数据，根据户主年龄、家庭流动性资产与收入之比来区分家庭受信贷约束的程度，在实证研究中区分了财富效应和抵押效应，其估计结果进一步显示，住房主要通过财富效应对家庭消费产生影响。

（3）共同因素。

共同因素是指那些同时和房价上涨、消费增长有关的因素。另外一种关于房价与消费正相关关系的解释是，它们受共同因素的驱动。一些文献强调，存在一些既影响房价又影响消费的共同因素，导致了房价与消费的同步增长。王棋（King，1990）[114]和帕加诺（Pagano，1990）[115]指出，20 世纪 80 年代后期房价与消费增长之间的强相关性并不一定是通过财富效应或抵押效应发挥作用。他们认为，受当前或预期生产率提高的影响，人们通常会预期未来的收入增加，进而刺激了其对住房的需求，在供给一定的背景下，势必会导致房价的上涨；同时，预期未来收入的增加本身对消费的增长具有刺激作用。卡洛米里斯等（Calomiris et al.，2009）[116]的研究显示，如果在研究房价与消费的关系时不考虑预期收入这个共同因素的话，会产生内生性问题，高估房价对消费的影响。他们在考虑预期收入后的研究显示，住房财富对消费的影响并不显著。阿塔纳西奥等（Attanasio et al.，2009）[117]认为，房价与消费之间的正相关关系是由于共同因素（很可能是生产率的提高）的影响而导致的。

目前，国内学者关于房价与消费之间关系的研究，考虑到共同因素影响的寥寥无几。李剑（2018）[118]利用我国的宏观数据时间序列数据实证分析了房价和居民消费之间的关系。其研究结果表明，控制共同因素（利率与预期收入）的影响后，房价对消费具有显著的影响，短期表现为负相关关系，长期表现为正相关关系。

（4）考虑年龄影响的相关研究。

还有一些学者在研究房价与消费之间的关系时考虑了年龄的影响。生命周期假说认为，个体在处于不同年龄阶段时，其消费行为存在差异，房价与消费之间的关系可能随个体年龄的变化而改变。通常而言，老年人持有的财富更多，房价上涨带来的住房增值对它们的影响也应该更大。Campbell and Cocco（2007）[13]在研究房价和消费之间的关系时，考虑了年龄这个因素，他们强调房价上涨对于不同年龄人群消费的影响存在异质性，房价上涨对老人房主消费的刺激作用相对更大。然而，也有文献反对上述观点。它们强调年轻人的消费对房价的变动的反应更为敏感。其中，一部分文献从预防性储蓄的视角进行了分析。斯金纳（Skinner，1989）[119]利用 PSID 得到的结论显示，住房财富仅对年轻人的消费有影响；由于老年人面临的健康和财政风险相对更大，大多数退休的老年人将住房视作缓冲储备（buffer）以应对突发事件，因而住房财富对老年人的消费几乎不存在影响。另外一些文献则从共同因素的视角进行了论证。它们强调房价变动之所以表现出对老年人消费的刺激作用更强，是因为忽略了共同因素的影响。如果在实证研究中考虑共同因素，将得出完全相反的结论。Attanasio et al.（2009）[117]利用英国微观调查数据的研究结果显示，房价与消费之间为正相关关系，且年轻家庭的消费对房价的弹性系数更大。其结果与传统财富效应的解释并不一致。他们认为，这是生产率提高同时对房价和消费产生影响的结果，因为年轻人的预期寿命更长，生产率提高对他们收入的影响更大，所以在房价上涨对其消费的刺激作用更强。格罗贝尔等（Gröbel et al.，2018）[120]利用德国的微观调查数据，在控制共同因素的基础上研究了住房财富效应与储蓄之间的关系。他们的研究显示，年轻租房户的储蓄与未预期的房价变动之间为正相关关系，而年轻有房户的储蓄与未预期的房价变动之间为负相关关系，老年家庭几乎不对房价变动做出反应。

2.3.4　居民收入不平衡、地区差异与住房财富效应

低收入（住房市值较低）家庭与高收入（住房市值较高）家庭的住房财富效应有所不同。在研究房价和消费之间的关系时，有一些文献已经注意到了这一点。Khalifa et al.（2013）[23]利用 2001 年、2003 年和 2005 年的 PSID 调查数据，运用面板门限模型估计了不同收入水平下家庭的住房财富效应。他们的估计结果显示：收入水平存在两个门限值（7.4046 万美元和 50.1 万美元），当家庭收入小于 7.4046 万美元时，住房财富对消费具有显著的影响，其回归系数为 0.0106；当家庭收入处于 7.4046 万美元和 50.1 万美元之间时，住房财富对消费的影响仍然显著，相应的回归系数增大至 0.0282；当家庭收入超过 50.1 万美元时，两者之间的回归系数不再显著。国内有陈峰等（2013）[22]、李剑和臧旭恒（2015）[24]等考虑了房价上涨对不同收入组家庭消费的影响存在差异。他们均是直接对不同的收入组进行回归分析，进而比较不同收入组之间房价对消费影响的差异。

目前，学者关于地区差异对房价与消费之间关系的研究基本上集中于对比不同国家、不同省份或不同地区之间房价对消费影响的差异。路德维希和斯洛克（Ludwig and Slok，2004）[121]基于经济合作与发展组织（OECD）中 16 个国家的面板数据，围绕

房价、股票价格和消费之间的关系展开了系统的实证分析。他们发现金融体系不同的国家房价对消费的影响存在差异，在那些拥有市场主导型金融体系的国家，房价上涨带来的财富效应相对更大。李成武（2010）[122]利用我国2004年1季度至2009年2季度的省（市、区）面板数据，将30个省（市、区）划分为直辖市、东、东北、中部和西部地区五个区域，并分别对其展开了实证研究。其回归结果显示，在经济发展水平越高的地区，居民所承受的住房压力普遍较大，房价上涨对消费的负向影响因此也更大。李春风等（2013）[107]基于我国1999—2011年29个省（市、区）的面板数据，运用系统GMM估计方法研究了房价变动对我国东、中、西部地区居民消费影响的差异。他们的估计结果显示：对东部和西部地区而言，房价上涨与居民的非居住消费之间存在显著的正相关关系；对中部地区而言，两者之间为显著的负相关关系；房价上涨对东、中、西部地区居民的居住消费均存在显著的抑制作用。国内也有一些学者采用空间计量的方法对不同地区房价和消费之间关系的差异展开了研究。李成武和李婷（2010）[123]利用空间计量方法的研究结果显示，房价上涨对我国的消费具有负向的影响。余华义等（2020）[124]基于2000—2018年我国278个地级市的面板数据，采用空间面板杜宾模型研究了房价对消费影响的地区差异和其空间效应。其研究结果证实了不同地区住房财富效应存在显著的差异，而且房价对消费具有跨空间的影响。

2.3.5 金融市场与住房财富效应

（1）金融市场发育程度与住房财富效应。

恩格尔哈特（Engelhardt，1996）[125]强调，生命周期假说下住房资本增值对非住房消费具有正向影响是依赖于以下假设的：消费者没有遭受流动性约束；住房财富可以被其他财富所替换；住房增值部分可以被家庭用来消费，即变现容易；家庭不存在遗赠动机。许多文献在研究住房资产和消费之间的关系时考虑了住房二次抵押和信贷市场发展程度。在一些信贷较成熟的国家，住房资产可以通过二次抵押获得贷款，从而提高了住房资产的流动性，使得住房资产对消费的影响加强（Slacalek，2009）[126]。卡特等（Catte et al.，2004）[127]研究不同资产对消费的影响时考虑到信贷市场的影响，他们对 10 个经济合作与发展组织（OECD）国家进行分组研究，一组国家（澳大利亚、加拿大、荷兰、英国和美国）住房财富对消费的影响超过金融财富的影响，另一组国家（法国、德国、意大利、日本、西班牙）住房财富对消费的影响相对较小或者不显著。他们的研究表明在信贷市场规模更大、更加有效的国家，住房资产对消费的影响要大于金融资产。这些国家有以下特点：从金融市场获得抵押贷款融资（二次抵押）更加容易；住房拥有率更高，也意味着住房财富分布更加广泛；住房更具有流动性，例如，住房交易成本较低，免征资本收益税。青木康介等（Aoki K et al.，2004）[128]在金融加速器模型的基础上，使用一般均衡模型研究房价和消费之间的关系。其研究结果表明，房价对消费的影响与住房的二次抵押有关，房价上涨带来的收益和住房服务成本的增加相互抵消。此时，随着房价的上涨住房可以获得的抵押贷款额度增加，从而促进了消费。阿隆等（Aron et al.，2010）[129]在构建一般信贷条件指数（GCCI）的基础上实证研究了美国、英国和日本的消费与住房抵押、其他信贷市场有效性的关系。他们的研究结果表明，在信贷市场自由化不断加强的国家（美国和英国），随着家庭购房的首付限制放松、住房作为抵押品获得贷款能力的提高，住房财富对消费的促进作用不断增强。

（2）信贷约束、房价变动与家庭消费。

李亮（2010）[130]在梳理房产抵押效应文献的基础上指出，住房对消费的影响主要基于信贷市场。住房是优质抵押品，住房财富的增值意味着家庭可用贷款额度的提升，能起到放松流动性约束的作用，最终对家庭的消费支出产生影响。

房贷债务的发展和金融市场发育程度紧密相关。房贷债务：一方面能够帮助家庭实现短期购房的目标，缓解家庭因购房而产生的流动性约束；另一方面，住房按揭贷款属于中长期贷款，还贷期普遍较长，家庭面临很大的收支不确定性（如失业、生大病等）。为了降低断供风险，还贷压力大的家庭消费行为会更加谨慎。

2007 年美国暴发次级贷款危机后，越来越多的学者加大了对家庭负债（特别是房贷债务）的关注。迪南等（Dynan et al.，2012）[131]利用 PSID 数据研究了家庭杠杆水平（房贷/住房价值）对非住房消费的影响。基于 2007 年和 2009 年数据的回归结果表明，家庭收入和财富的影响显著为正，但杠杆水平对消费的抑制作用也是不可忽视的。如果家庭杠杆率从 100% 提高到 110%，非住房消费的年增长率将平均下降 0.3 个百分点。2007—2009 年，美国房价跳水导致了杠杆率骤然上升，而去杠杆过程的缓慢影响了美国经济的复苏。安德森等（Andersen et al.，2014）[132]用将近 80 万丹麦家庭数据研究了金融危机前的高杠杆率是否影响了金融危机期间的家庭支出。他们发现，在控制家庭的其他特征，包括收入、净财富和其他家庭特征的情况下，金融危机前的杠杆率和金融危机期间非购房消费之间存在强负相关关系。同时，随着危机的出现，高杠杆率家庭和低杠杆率家庭消费的差距减少。在金融危机期间，高杠杆率家庭支出下降得更多，反映出在危机前与低杠杆率家庭相比较，高杠杆率家庭消费对当期收入的依赖性更强。他们从四个方面补充了 Dynan et al.（2012）[131]的研究：一是在不同的机构环境和更大的数据集中记录了杠杆对消费的类似影响。二是发现危机前的杠杆率和随后消费的增长关系是非线性的，同时负相关关系仅仅在杠杆率高于 40% 的界限时呈现。三是证实杠杆率和消费增长的负相关关系在所有年龄组都存在，在所有水平的金融资产—收入比和净价值—收入比都存在，遍及整个收入分布，并且在丹麦的所有地理地区都成立。四是他们证明消费变化的不同在金融危机后逐渐消失。米杨等（Mian et al.，2013）[133]的研究表明，在美国大衰退期间，由于危机前的高杠杆率和房价的急剧下降导致的财富冲击在全国是非常不平等的。从 2007 年到 2010 年所有类型的商品消费在高杠杆县区下降幅度更大，房价下跌对更穷、杠杆率更高家庭消费支出的抑制作用更大。布朗和卡纳尔（Brown and Khanal，2015）[134]研究表明，2007—2009 年金融危机期间，家庭债务与 GDP 之比出现史无前例的增长。在这期间大多数家庭，不管其收入水平如何，都继续扩大消费债务。由于家庭债务飙升，家庭收入减少，为了满足固定的现金流，家庭不得不改变计划，采用像发薪日贷款这样的紧急借款方式。然而，这种不良贷款的增加并没有促进消费支出，大多数家庭用这种贷款支付利息和本金。通克和雅瓦斯（Tunc and Yavas，2017）[135]利用美国 1987 年 1 季度至 2013 年 3 季度的季度数据分析了住房抵押贷款对储蓄率的影响。其研究结果显示，住房按揭贷款对储蓄率具有显著的负向影响，而且住房抵押贷款是一个关键变量，将它加入模型后其他解释变量对储蓄率的影响发生了显著的变化。Song（2010）[136]的研究认为，房价以及利率对家庭消费的影响与家庭是否遭受信贷约束是紧密相关的，那些受信贷约束家庭的消费对二者变化的反应相对更大。范颖和雅瓦斯（Fan and Yavas，2017）[137]利用我国 2002—2009 年的城镇住户调查（Urban Household Survey）数据分析了住房按揭贷款对中国城镇家庭消费的影响。估计结果表明，与无住房按揭贷款的家庭相比，有住房按揭贷款家庭的消费率更高。原因是，在获得按揭贷款之前，家庭的购房储蓄会受到房价波动影响。为此，家庭不得不增加预防性储蓄。获得按揭贷款后，与房价有关的不确定性将不复存在。同时，房贷负担过重对消费有挤出效应。因为：每月还贷支出占当月收入的比重越高，家庭受流动性约束和收入不确定性的影响就越大。吴卫星等（2020）[138]利用 CHFS 数据分析了住房负债和家庭消费率之间的关系，其研究表明，二者之间为显著的负相关关系，且与拥有多套房的家庭相比，住房借款对仅有一套住房家庭消费的抑制作用更强。

2.3.6 住房财富效应的其他研究

除关注住房财富对消费的影响之外，还有许多文献分析了不同资产（如住房资产和金融资产）对消费影响的差异。德沃纳克和科勒（Dvornak and Kohler，2003）[139]总结了住房资产与股票资产对家庭消费的不同影响。本书在此基础上，归纳了住房资产和金融资产对消费影响的差异，主要包括：一是住房资产和金融资产可分割性不同，住房是一个“块状”资产，很难只将增值部分变现，而只交易金融资产的部分份额是相对更加容易的。据此可知，金融资产对消费的影响相对更大。二是住房兼有消费和投资属性，当住房价格增加时，住房财富也会增加。但只有当家庭愿意将住房财富增加部分变现（比如，家庭将现住房卖掉，换一个更小或者更便宜的住房）时，住房财富的增加才会促进消费。然而，许多家庭不会这样做，特别是有遗产动机的家庭。从这一层面来看，住房财富对家庭消费的影响更低。三是消费者可能对住房资产附加了心理因素，比如住房可以彰显房主的地位，或者消费者会对资产设定相应的心理账户，将一些资产用来满足流动性支出，将另一些资产作为长期储蓄（Thaler and Shefrin，1988）[140]。四是各个收入阶层的人都拥有住房财富，但在很多国家，金融资产财富集中于高收入群体，通常认为高收入群体对收入和财富都有更低的边际消费倾向。在这种情况下，与金融资产相比，住房财富的变动对消费的影响更大。五是消费者会认为住房资产的增值具有持久性，并且住房是很好的抵押品，可以通过抵押贷款提高流动性；金融资产的增值具有暂时性和不确定性。这也会使得住房财富对消费的影响要大于金融资产对消费的影响。

对国外的家庭而言，金融资产中股票占据了非常重要的地位，非金融资产则主要由住房资产构成（Deutsche，2001）[141]。因此，国外很多关于住房财富和金融资产财富对消费影响的研究中都是在比较住房财富和股票对消费的不同影响，但迄今为止并没有一致的结论。

国外大量文献基于生命周期假说研究住房资产和金融资产对消费的不同影响，认为住房财富对消费的影响要大于金融资产。Case et al.（2001）[12]结合 1982—1999 年美国各州的季度数据和 1975—1996 年 14 个发达国家的年度数据，实证分析了住房资产和金融资产对消费支出影响的差异。估计结果显示，住房财富变动对消费的影响相对更大。本杰明等（Benjamin et al.，2004）[142]采用美国 1952 年一季度至 2001 年四季度的数据研究发现，当住房财富和金融资产分别增加 1 美元时，所对应的消费分别平均增长 8 美分和 2 美分。皮谢特（Pichette，2004）[143]利用加拿大数据实证分析的结果表明，与股票财富相比，住房财富的边际消费倾向相对更大。Tang（2006）[144]的研究发现，在澳大利亚住房财富对消费的影响远远大于金融资产。博斯蒂克等（Bostic et al.，2009）[145]运用消费者金融调查数据和消费者支出调查数据研究了美国家庭住房财富效应和金融资产财富效应对消费支出的影响。他们的研究发现，和金融资产相比，消费对住房财富效应的弹性更大。马丁 - 勒让德等（Martín - Legendre et al.，2019）[146]利用西班牙 2002—2014 年的 5 期调查数据对消费与住房财富、金融财富之间的关系进行了实证研究，其结果显示，家庭财富对消费支出具有正向的影响，其中住房财富的影响最大。

也有一些学者认为金融资产对消费的影响要更大一些。德沃纳克和科勒（Dvornak and Kohler，2003）[139]在 Case et al.（2001）[12]的基础上控制家庭债务的变化，基于生命周期持久收入假说（LC－PIH），利用澳大利亚各州面板数据的研究结果表明，与住房财富相比，股票财富对消费的影响相对更大。斯拉克拉克（Slacalek，2009）[126]的研究表明，澳大利亚、加拿大、法国、德国、意大利、日本、瑞典等国家金融资产对消费的影响大于住房资产对消费影响。巴萨内蒂和佐利诺（Bassanetti and Zollino，2008）[147]对意大利的研究结果显示，与住房资产相比，金融资产的边际消费倾向相对更大。德·博尼斯和西尔维斯特里尼（De Bonis and Silvestrini，2012）[148]运用经济合作与发展组织中 11 个国家的季度数据，对住房资产、金融资产和消费之间的关系进行了实证分析。他们的估计结果表明，金融资产和住房资产的增加均会刺激消费支出，而且前者对消费的影响强于后者。

与国外研究情况类似，目前国内关于各类资产谁对消费的影响更大，并没有一致的结论。一类研究表明住房资产对消费的影响更大。张大永和曹红（2012）[149]采用 2011 年的中国家庭金融调查（China Household Finance Survey，CHFS）数据，系统地研究了各类家庭资产对消费的影响。研究结果表明，住房资产对消费的影响最大。张五六和赵昕东（2012）[150]利用 1978—2009 年时间序列数据，基于自回归分布滞后—非约束误差纠正（ARDL－UECM）模型分析了长短期金融资产和实物资产对消费的不同影响，发现短期内实物资产对消费的促进作用强于金融资产。也有学者认为，金融资产的影响相对较大（李涛和陈斌开，2014；骆祚炎，2008；刘也和张安全等，2016；臧旭恒和张欣，2018）[9][151－152][153]。

2.4　文献述评

本章第 2.1 节梳理了消费函数的理论变迁及其内在逻辑。正如朱信凯和骆晨（2011）[154]所说，数据和计量经济学方法推动了消费函数理论的演变。绝对收入假说因无法解释储蓄率长期稳定性这一现象而退出了历史舞台。相对收入假说考虑了消费偏好的非独立性和人们的消费习惯等因素对消费的影响，该假说的提出使得社会地位寻求理论的研究更加系统和规范，但对于储蓄率的长期稳定，相对收入假说也并没有给出合理的解释。生命周期假说和持久收入假说的诞生，虽然能够合理地解释储蓄率的长期稳定性，但是它们都忽略了收入不确定性的影响。“理性预期革命”的暴发以及动态规划理论的发展使得越来越多的经济学家在研究个体的消费行为时考虑到不确定性的影响，理性预期持久收入假说、生命周期—持久收入假说、预防性储蓄和流动性约束理论应运而生。

本章第 2.2 节归纳总结了现有关于居民收入不平衡和消费之间关系研究的文献。2.2 节梳理了绝对收入假说下、主流消费理论下和相对收入假说下居民收入不平衡与消费关系研究的相关文献。其中，相对收入假说下居民收入不平衡与消费关系的文献与本书的研究最为接近。从理论上来看，住房具有地位性商品的属性，居民收入不平衡的存在使得不同收入阶层存在住房攀比行为，进而对家庭的住房需求产生影响。一方面，现有关于住房需求的研究几乎忽略了收入差距引发住房攀比的影响；另一方面，尽管近年来已有文献在研究家庭住房需求时考虑到了社会地位攀比的影响，但他们似乎都忽略了地区房价水平这一因素的影响。事实上，地区房价水平的差异意味着在不同的地区家庭的购房意愿会存在差别。通常而言，房价高的地区家庭面临的购房压力普遍较大，这在一定程度上抑制了家庭的住房需求。因而，本书将在考虑地区间房价水平差异的基础上研究收入差距引发的住房攀比对家庭住房需求的刺激作用。

本章第 2.3 节对中国住房改革的历程、住房财富效应的相关研究进行了归纳和梳理。我国住房改革的历程可以划分为四个阶段，2012 年至今正是住房市场规范化发展的阶段，这为深入研究房价上涨与我国城镇家庭消费之间的关系奠定了坚实的基础。借鉴相关文献资料，2.3 节对住房财富效应的定义进行了归纳总结，在此基础上从住房财富效应、抵押效应与共同因素，居民收入不平衡、地区差异与住房财富效应，金融市场与住房财富效应，住房财富效应的其他研究四个视角对国内外文献进行了梳理。现有文献主要存在以下几点不足：第一，国内现有文献在基于居民收入不平衡研究房价和消费之间的关系时，都是围绕不同收入组下两者之间关系的差异而展开的，忽略了我国不同地区（省、直辖市、自治区）间收入具有不可比性，也没有考虑到同一地区（省、直辖市、自治区）内部所存在的居民收入不平衡。有鉴于此，本书根据家庭所在省（直辖市、自治区）现住房市值的中位数除以家庭收入，构建了家庭购房压力系数这个指标，它既能反映地区内部居民收入的不平衡，又在不同地区之间具有可比性，有助于更加准确地分析房价和消费之间关系的异质性。第二，现有文献在研究房价对消费影响的地区差异时，均没有考虑到居民收入不平衡的影响。本书则基于居民收入不平衡和地区（省、直辖市、自治区）间房价差异这两个视角对房价和消费之间关系的异质性展开系统的理论分析及实证检验。第三，从模型的设定来看，国内关于住房财富效应的文献中，考虑到共同因素（对房价和消费均有正向刺激作用的因素）影响的寥寥无几。据笔者所知，仅有李剑（2018）[112]考虑了共同因素（利率与预期收入）。

第 3 章　理论分析与研究假设

3.1　居民收入不平衡、社会地位关注与家庭住房需求

3.1.1　近年来我国居民收入不平衡的基本情况

目前，学术界关于我国居民收入差距的演变通常划分为两个阶段，即 1978—2008 年和 2009 年至今（李实和朱梦冰，2018；吴旭东和焦健，2019）[155-156]。现有研究几乎认为我国居民收入差距在第一阶段呈扩大的趋势，在第二阶段处于高位徘徊的状态。从城乡、地区、行业等角度分析收入差距有助于更加深刻地理解我国居民收入差距的变动，本书重点关注城镇内部的收入差距，因而下文对地区收入差距和行业收入差距的分析均是利用城镇数据完成的。

（1）城乡收入差距。

由图 3.1 可知，1978—2018 年我国城乡人均收入之比经历了“下降—上升—下降”的过程，该指标分别在 1983 年和 2009 年达到了历史最低点和历史最高点。尽管 2009—2018 年我国城乡人均收入之比呈下降的趋势，但仍然高于 1978 年的水平。相关数据显示，截至 2018 年，我国城乡人均收入之比仍然高达 2.6853。

图 3.1　中国城乡人均收入比（1978—2018 年）

数据来源：作者根据中宏统计数据库和《中国统计年鉴》中的数据整理得出。

（2）城镇居民收入的地区差距。

由表 3.1 可知，1987—2018 年我国不同省（直辖市、自治区）城镇人均可支配收入的极值比（即最大值除以最小值）处于 1.8145—2.6140，2018 年该指标为 2.3306，表明地区之间仍然存在较大的收入差距。由表 3.1 的第 4 列可知，我国城镇内部居民收入的地区差距呈“上升—下降—缓慢上升”的趋势。

表 3.1　1987—2018 年我国城镇居民收入的地区差距

年份	地区最高人均收入和最低人均收入之差（万元）	地区最高人均收入和最低人均收入之比	地区间人均可支配收入的变异系数
1987	0.0645	1.8145	0.1555
1988	0.0808	1.8819	0.1681
1989	0.1033	1.9816	0.1762
1990	0.1148	1.9941	0.1789
1991	0.1458	2.1258	0.1944
1992	0.1998	2.3509	0.2075
1993	0.2749	2.4598	0.2542

续表

年份	地区最高人均收入和最低人均收入之差（万元）	地区最高人均收入和最低人均收入之比	地区间人均可支配收入的变异系数
1994	0.3864	2.5438	0.2668
1995	0.4593	2.6140	0.2609
1996	0.4805	2.4326	0.2580
1997	0.4969	2.3833	0.2560
1998	0.4815	2.1966	0.2589
1999	0.6595	2.5205	0.2739
2000	0.7003	2.4853	0.2809
2001	0.7616	2.4459	0.2849
2002	0.7306	2.2291	0.2637
2003	0.8386	2.2937	0.2733
2004	0.9528	2.3316	0.2781
2005	1.0655	2.3335	0.2835
2006	1.1797	2.3298	0.2849
2007	1.3377	2.3057	0.2672
2008	1.5262	2.3372	0.2623
2009	1.6580	2.3527	0.2610
2010	1.8194	2.3335	0.2603
2011	2.0717	2.3354	0.2552
2012	2.2622	2.2878	0.2473
2013	2.4967	2.2740	0.2468
2014	2.6728	2.2258	0.2460
2015	2.9195	2.2284	0.2488
2016	3.1999	2.2454	0.2517
2017	3.5150	2.2807	0.2538
2018	3.8843	2.3306	0.2575

资料来源：由中经网统计数据库计算得出。

注：①鉴于1987年之前部分省份的人均可支配收入存在缺失，故在分析地区收入差距时以1987年为起始年份。

②表中人均收入是指城镇人均可支配收入。

（3）城镇内部各行业居民收入的差距。

借鉴周小寒（2019）[157]的方法，本书将利用《中国统计年鉴》的数据对我国城镇内部各行业间的居民收入差距进行分析。如表 3.2 所示，2003—2018 年行业最高工资与最低工资的差距由 24013 元扩大至 111212 元。同期，行业最高工资与最低工资之比也一直处于 3.5927—4.7275，行业平均工资的变异系数处于 0.3262—0.3484，均表明不同行业之间存在较为明显的收入差距。平均工资最高的行业集中于科学研究和技术服务、金融、信息传输、计算机服务和软件等行业；平均工资最低的行业集中于农林牧渔、建筑、住宿和餐饮等行业。

表 3.2　2003—2018 年我国各行业的收入差距

年份	行业最高工资和最低工资之差（元）	行业最高工资和最低工资之比	行业平均工资的变异系数
2003	24013	4.4882	0.3334
2004	25952	4.4617	0.3262
2005	30592	4.7275	0.3392
2006	34166	4.6861	0.3452
2007	36853	4.3975	0.3437
2008	42346	4.3715	0.3532
2009	46042	4.2072	0.3466
2010	53429	4.1961	0.3484
2011	61640	4.1661	0.3377
2012	67056	3.9557	0.3333
2013	73833	3.8595	0.3372
2014	79917	3.8183	0.3379
2015	82830	3.5927	0.3338

续表

年份	行业最高工资和最低工资之差（元）	行业最高工资和最低工资之比	行业平均工资的变异系数
2016	88866	3. 6439	0. 3299
2017	96646	3. 6475	0. 3278
2018	111212	4. 0497	0. 3340

资料来源：笔者利用 2004—2019 年的《中国统计年鉴》整理得出。

注：①鉴于 2003 年前后行业的划分略有不同，本书在分析行业收入差距时以 2003 年作为起始年份。

②不同年份平均工资最高的行业有所不同，在 2003—2008 年、2016—2018 年信息传输、计算机服务和软件业的平均收入最高，而 2009—2015 年期间收入最高的行业为金融业。2003—2018 年收入最低的行业均为农林牧渔业。

3. 1. 2　住房的地位性分析

地位是以谁“更好”的文化信念为基础的，而“更好”的标准又与社会阶层所掌握的经济资源紧密相关的。社会分层（social stratification）强调不同的社会成员（群体）所占有的社会资源存在差异，进而导致了层化（差异）的现象，其中社会地位是层化的最大表现（马克斯·韦伯，2010）[158]。社会地位和社会分层理论的研究是紧密相关的。李强（2008）[159]指出，我国从政治和经济两个方面区分了社会分层。改革开放以前，我国的社会分层主要以前一种为主；改革开放以后，后者变得更加重要。本书主要强调后者，即经济分层（经济地位）。

社会地位关注强调人们总是渴望和追求更高的社会地位，它通常取决于家庭在财富分布中的排序或受教育程度的高低。当个体存在社会地位关注行为时，他在现实生活中会注意到社会地位较高的阶层所对应的生活状态（如可视性消费支出的情况），通过不断向上攀比来提高自身的社会地位，最终实现社会阶层由低至高的跨越。

住房作为我国城镇家庭的重要财富，它具有易被观测和可比性，从理论上看它是地位性商品。也有一些学者对住房的地位性进行了实证检验。张海东和杨城晨（2017）[160]利用“特大城市居民生活状况”调查数据①的研究结果显示，居民的阶层认同与住房是紧密相关的，那些拥有更高社会阶层认同的家庭往往拥有高品质的住房。杭斌和修磊（2015）[161]利用2010年和2012年的中国家庭追踪调查（CFPS）数据对家庭主观社会地位的影响因素进行了实证分析，其研究结果表明，家庭住房面积是影响个体社会地位评价的重要指标。与杭斌和修磊（2015）[161]的研究不同，王立凯（2016）[162]则分别以家庭住房面积等级、家庭现住房市值等级为核心解释变量，分析了其对个体主观社会地位评价的影响，其回归结果显示，扩大家庭住房面积、提高家庭现住房市值都能够使个体更倾向于认为自身属于高社会地位水平人群。个体的主观社会地位认知和地区经济发展水平也是紧密相关的（Evans and Kelley，2004；Lindemann and Saar，2014；宋庆宇和乔天宇，2017）[163-165]。即使其他特征均相同，不同地区的个体其主观社会地位（社会阶层）的认知也会存在差异，而现有研究几乎都没有考虑到地区差异对个体主观社会地位认知的影响。为此，本书研究住房的地位性时，首先基于参照组（分别选择各省（直辖市、自治区）的家庭和各县（区）的家庭作为参照组）构建了相对住房面积，然后在考虑地区房价水平差异的基础上进行实证分析。

3.1.3　居民收入不平衡、社会地位关注与个体的财富积累决策

本书将结合跨期消费效用最大化和非独立偏好理论推导得出

① 该调查数据是2014年11月至2015年10月由上海大学上海社会科学调查中心在北京、上海和广州三地展开的。

收入差距、参照组平均财富积累水平及个体财富积累决策之间的关系。像迪勒（Direr，2001）[166]和刘雯（2018）[167]一样，考虑一个两期模型，并做出以下假设：①消费者的初始财富为 0；②消费者不存在遗产动机；③消费者追求跨期消费效用的最大化；④时间折现率为 1，则最优化问题如式（3.1）所示：

$$\max U = (1-\delta_i)u(c_{i1}) + (1-\delta_i)u(c_{i2}) + \delta_i v(w_{i2} - \theta\overline{w_2}) \tag{3.1}$$

其中，c_{i1}、c_{i2}分别表示个体 i 在第 1 期和第 2 期的消费水平，w_{i2}表示个体 i 第 2 期期初的财富水平，$\overline{w_2}$表示第 2 期所有个体的平均财富水平。假设财富水平可以表征社会地位，$0 \leqslant \delta_i < 1$，δ_i 表示社会地位带来的效用对消费者 i 的重要程度，δ_i越大代表社会地位带来的效用对消费者 i 越重要，$0 \leqslant \theta \leqslant 1$，$\theta$ 表示平均财富对个体 i 社会地位效用的影响程度，u 代表消费者的总效用函数，v 代表地位性消费对应的效用函数。

假设消费者面临严格的信贷市场，则预算约束为：

$$c_{i1} + w_{i2} = y_{i1} \tag{3.2}$$

$$c_{i2} = y_{i2} + w_{i2} \tag{3.3}$$

假设效用函数均具有二次函数形式，$u(c_{it}) = c_{it} - \frac{m}{2}c_{it}^2$，$v(w_{it}) = w_{it} - \frac{n}{2}w_{it}^2$，其中，$u(\cdot)$ 和 $v(\cdot)$ 均是严格凹函数，即满足 $m>0$，$n>0$。

本书借鉴刘雯（2018）[167]、汪伟和郭新强（2011）[74]的做法，将整个经济体分为两类人群：高收入人群（其收入为 y^h，人群占比为 k）、低收入人群（其收入为 y^l，人群占比为 $1-k$），平均收入 $\bar{y} = ky^h + (1-k)y^l$。当存在收入差距时，$y^h > y^l$，当收入差距扩大时，$y^h/y^l$会增加。

此时，消费者效用最大化问题转化为：

$$\max U = (1-\delta_i)\left[y_{i1} - w_{i2} - \frac{m}{2}(y_{i1} - w_{i2})^2\right] +$$
$$(1-\delta_i)\left[y_{i2} + w_{i2} - \frac{m}{2}(y_{i2} + w_{i2})^2\right]$$
$$+ \delta_i\left[w_{i2} - \theta\,\overline{w_2} - \frac{n}{2}(w_{i2} - \theta\,\overline{w_2})^2\right] \tag{3.4}$$

由 $\frac{\partial U}{\partial w_{i2}} = 0$ 可得：

$$w_{i2} = \frac{m(1-\delta_i)(y_{i1} - w_{i2}) + \delta_i + n\,\theta\delta_i\overline{w_2}}{2m(1-\delta_i) + n\delta_i} \tag{3.5}$$

将式（3.5）代入预算约束条件。可以得出：

$$c_{i1} = \frac{[m(1-\delta_i) + n\delta_i]y_{i1} + m(1-\delta_i)y_{i2} - \delta_i(1 + n\theta\overline{w_2})}{2m(1-\delta_i) + n\delta_i} \tag{3.6}$$

$$c_{i2} = \frac{m(1-\delta_i)(y_{i1} + y_{i2}) + \delta_i + n\,\theta\delta_i\overline{w_2} + n\delta_i y_{i2}}{2m(1-\delta_i) + n\delta_i} \tag{3.7}$$

令 $\alpha_1 = 2m(1-\delta_i) + n\delta_i$，$\alpha_2 = m(1-\delta_i)$，$\alpha_3 = m(1-\delta_i) + n\delta_i$

则

$$c_{i1} = \frac{\alpha_3 y_{i1} + \alpha_2 y_{i2} - \delta_i(1 + n\theta\,\overline{w_2})}{\alpha_1} \tag{3.8}$$

$$c_{i2} = \frac{\alpha_3 y_{i2} + \alpha_2 y_{i1} + \delta_i(1 + n\theta\,\overline{w_2})}{\alpha_1} \tag{3.9}$$

假设 $y_1^h = \varphi y_1^l$，且所有个体其他特征均相同，则高收入群体和低收入群体均具有与式（3.8）和式（3.9）一样的表达式。由式（3.2）可得

$$\overline{w_2} = \overline{y_1} - \overline{c_1} = ky_1^h + \frac{(1-k)y_1^h}{\varphi} - k\frac{\alpha_3 y_1^h + \alpha_2 y_2^h - \delta_i(1 + n\theta\overline{w_2})}{\alpha_1}$$
$$-(1-k)\frac{\alpha_3\frac{y_1^h}{\varphi} + \alpha_2\frac{y_2^h}{\varphi} - \delta_i(1 + n\theta\overline{w_2})}{\alpha_1} \tag{3.10}$$

式（3.10）两边对 φ 求偏导得到：

$$\frac{\partial \overline{w_2}}{\partial \varphi} = \frac{1-k}{\varphi^2} m(1-\delta_i)(y_2^h - y_1^h) \tag{3.11}$$

从式（3.11）可以看出，当消费者足够关注社会地位带来的效用（$0<\delta_i<1$），且全社会的平均收入水平随着时间的推移没有降低时，收入差距扩大必然有 $y_2^h > y_1^h$，从而 $\frac{\partial \overline{w_2}}{\partial \varphi} > 0$，即收入差距 φ 对平均财富积累水平（$\overline{w_2}$）具有正向的影响。

总之，收入差距对平均财富积累水平具有正向影响。即收入差距扩大时，各个收入阶层向上攀比的社会地位性寻求行为加强，最终使得平均财富积累水平提高。

当个体关注相对地位水平时，参照组的财富积累的平均水平会影响自身的财富积累决策。人们总是倾向于向上攀比，Veblen (1934)[31]称其为“追赶琼斯（Keeping up with Joneses)”。如果个体比邻居富裕，那么他不会关注邻居的消费情况，而是向比他更加富裕的参照组看齐。

根据式（3.1）、式（3.2）和式（3.3）可以得到效用最大化的一阶条件为：

$$(1-\delta_i)u'(c_{i1}) = \lambda_{i1} \tag{3.12}$$

$$(1-\delta_i)u'(c_{i2}) = \lambda_{i2} \tag{3.13}$$

$$\delta_i v'(w_{i2} - \theta\overline{w_2}) = (1-\delta_i)u'(c_{i1}) - (1-\delta_i)u'(c_{i2}) \tag{3.14}$$

式（3.14）两边对$\overline{w_2}$求偏导可以得到：

$$\frac{\partial w_{i2}}{\partial \overline{w_2}} = \frac{\theta\delta_i v''(w_{i2} - \theta\overline{w_2})}{\delta_i v''(w_{i2} - \theta\overline{w_2}) + (1-\delta_i)[u''(c_{i1}) + u''(c_{i2})]} \geqslant 0 \tag{3.15}$$

从式（3.15）可以看出，平均财富积累水平的提升能够带动个体财富的积累，即随着周围人群财富积累水平的提高，个体的财富积累水平也会有所提高，并且这种正向的影响与消费者对社会地位的关注程度呈正相关（见式 3.16）。

$$\frac{\partial w_{i2} / \partial \overline{w_2}}{\partial \delta_i} = \frac{\theta v''(w_{i2} - \theta \overline{w_2})[u''(c_{i1}) + u''(c_{i2})]}{\{\delta_i v''(w_{i2} - \theta \overline{w_2}) + (1 - \delta_i)[u''(c_{i1}) + u''(c_{i2})]\}^2} > 0 \tag{3.16}$$

总之，平均财富积累水平对个体财富积累水平具有正向影响，并且这种正向的影响与消费者对社会地位的关注程度紧密相关。

住房兼有消费和投资的属性，而且从理论上来看，住房也是地位性商品，因而家庭在财富积累中通常更加偏好于选择住房资产。本书在后续的实证分析中采用“家庭是否有住房需求”这一指标作为个体住房财富积累决策的代理指标。

3.2　房价与消费关系异质性的理论分析

3.2.1　基于消费理论的分析

（1）基于生命周期假说的分析。

由生命周期假说可知，个体当期的消费支出不仅取决于当期的收入，还与预期收入、期初财产（本书主要强调住房资产）等因素紧密相关，正如式（2.13）所示。

对于那些拥有一套住房的家庭而言，房价的上涨意味着住房财富的增值，当其他条件不变时，家庭所持有的净财富随之增加，受货币幻觉或住房抵押效应的影响，个体的消费随之增长。对于那些拥有多套住房的家庭而言，房价上涨还可能通过财产性收入（如房租收入、住房出售等）的提高刺激消费。

（2）基于持久收入假说的分析。

持久收入假说强调持久收入对消费的影响，因而，如果房价上涨所带来的收益是暂时的，就不会对持久消费产生影响；只有当房价持续上涨时消费者才能够从中获得持久的资本增值，进而促进居民消费的增长。

如果将个体一生资源的年金价值看作是持久收入，那么生命周期假说和持久收入假说将非常接近。两者的不同之处在于，前者强调财富直接对消费产生影响，而后者则认为财富通过财产性收入（它和持久收入是紧密相关的）这个中间“桥梁”对消费产生影响（臧旭恒等，2001；李剑，2014）[168][25]。

（3）基于生命周期—持久收入假说的分析。

生命周期—持久收入假说（LC - PIH）假定消费者首先对自己的长期消费能力进行估计，然后设定当期消费为该估计值的适当比例。消费者根据财富水平或持久收入对自身的长期消费能力进行估计。

本书参考杭斌和闫新华（2013）[169]关于习惯形成、预期购房支出对消费影响的理论分析，对跨期效用最大化下家庭的消费行为进行理论研究。假设 C_t、Y_t和 A_t分别代表第 t 期个体所对应的消费支出、可支配收入以及期初的资产，它们均为随机变量。E_tY_{t+k}是指消费者在第 t 期对（$t+k$）期收入的预期，其中 $k=1$，2，⋯，T。$E_tY_{t+k}=(1+\delta)^kY_t$，$\delta$ 是可支配收入的增长率，假定时间（利率）偏好因子均为常数 1。消费者的跨期效用最大化问题可以表示为：

$$\max E_t\sum_{k=0}^{T}u(C_{t+k}) \tag{3.17}$$

预算约束条件为：

$$A_{t+1}=A_t+Y_t-C_t \tag{3.18}$$

跨期预算约束条件为：

$$E_t\sum_{k=0}^{T}C_{t+k}=A_t+E_t\sum_{k=0}^{T}Y_{t+k} \tag{3.19}$$

结合式（3.17）和式（3.19）利用拉格朗日乘数法可以求得欧拉方程：

$$u'(C_t) = E_t u'(C_{t+k}) \quad k = 1,2,\cdots,T \tag{3.20}$$

欧拉方程意味着，当消费者追求跨期效用最大化时，各期消费的预期边际效用与 $u'(C_t)$ 应该是相等的。

假设效用函数的形式为二次函数 $u(C_t) = C_t - \frac{a}{2}C_t^2$，其中 $a > 0$。将其代入式（3.20）可以得到：$C_t = E_t C_{t+k}, k = 1,2,\cdots,T$。将其代入式（3.19）可以得到一个简单的生命周期—持久收入（LC－PIH）模型，即：

$$C_t = \frac{1}{T+1}A_t + \frac{1}{T+1}E_t\sum_{k=0}^{T}Y_{t+k} \tag{3.21}$$

其中，$\frac{1}{T+1}E_t\sum_{k=0}^{T}Y_{t+k} = Y_t^p$，表示家庭在第 t 期的持久收入。该式表明家庭当期的消费由资产和持久收入共同决定。住房资产作为财富的一部分，在其他条件不变的情况下，其价值的变动势必会对消费产生影响。例如，当其他条件不变时，房价上涨能够带来住房财富的增值，进而促进居民消费的增长；相反，房价的下跌将导致住房财富的缩水，不利于居民消费的增长。

本书基于生命周期—持久收入（LC－PIH）假说，进一步分析了当家庭存在预期购房支出时个体的消费行为。

当家庭存在预期购房支出时预算约束为：

$$E_t\sum_{k=0}^{T}C_{t+k} = A_t + E_t\sum_{k=0}^{T}Y_{t+k} - E_t H_{t+j} \tag{3.22}$$

其中，$E_t H_{t+j}$为家庭计划在第 $t+j$ 期购房时的预期支出，在其他条件不变的情况下，房价持续上涨时预期购房支出也将随之上涨，购房支出对消费具有抑制作用。

根据式（3.22）和式（3.17），利用拉格朗日乘数法可以求得欧拉方程：

$$u'(C_t) = E_t u'(C_{t+k}) \quad k = 1,2,\cdots,T \tag{3.23}$$

即当期消费的边际效用 $u'(C_t)$ 与个体对未来消费预期的边际效用相等。

假设效用函数的形式为二次函数 $u(C_t) = C_t - \frac{a}{2}C_t^2$，其中 $a > 0$。将其代入式（3.23）可以得到：$C_t = E_t C_{t+k}, k = 1,2,\cdots,T$。将其代入式（3.22）可以得到有预期购房支出时的生命周期—持久收入模型（LC－PIH），即：

$$C_t = \frac{1}{T+1}A_t + \frac{1}{T+1}E_t\sum_{k=0}^{T}Y_{t+k} - \frac{1}{T+1}E_t H_{t+j} \tag{3.24}$$

其中，$\frac{1}{T+1}E_t\sum_{k=0}^{T}Y_{t+k} = Y_t^p$，表示家庭在第 t 期的持久收入；$\frac{1}{T+1}E_t H_{t+j}$ 表示家庭预期购房支出对消费的影响。

房租对租房群体消费支出的影响与预期购房支出的影响类似，在此不再赘述。

由式（3.24）可知：第一，当家庭持有住房时，房价上涨意味着家庭财富的增值，其消费会随之增加。第二，对于租房群体或有购房计划的家庭而言，房价上涨意味着居住成本的增加，对其消费具有抑制作用。

根据以上生命周期—持久收入模型（LC－PIH）可知，当家庭没有新购房计划时，随着住房价格的上涨，消费者会调整其消费计划，房价上涨所带来的住房财富增值将被平均地分配到各个时期，从而促进消费的持久增加。对于租房群体而言，房价的上涨意味着房租的增加，其消费因此而受到抑制；对于有购房计划的家庭而言，房价上涨意味着消费者的预期购房支出将增加，迫使其进行更多的储蓄。

事实上，Ludwig 和 Slok（2002）[121] 曾对住房财富效应的传导机制进行了系统、全面的总结，他们将住房的财富效应归纳为以下五种：第一，兑现的财富效应。对于拥有住房的消费者而言，房价上涨后消费者能够通过再融资或者出售住房的方式将资本收益兑现，从而促进其消费支出。第二，非兑现的财富效应。房价上涨后消费者没有利用住房进行再融资，也没有销售住房，而是通过提高财富的贴现价值促进消费。当消费者预期自己比以前更加富有时，消费将有所增加。第三，预算约束效应。对于那些正在租房的消费者而言，房价的上涨将导致房租上涨，进而使这些家庭的预算约束变得更紧，从而抑制了他们的消费支出。第四，流动性约束效应。它对家庭消费的影响和金融系统的发育程度紧密相关。伴随着房价的上涨，消费者在购房的过程中可能需要借助于信贷市场所提供的住房贷款，若存在信贷约束或者金融体系不能提供住房信贷，那房价上涨可能会使家庭面临较大的流动性约束，进而对消费产生挤出效应。第五，替代效应。对于打算购房的家庭而言，房价的上涨增加了家庭的购房成本，他们将面临更高的首付和住房贷款，家庭为了尽早购得住房将不得不减少消费支出。

3.2.2　基于居民收入不平衡的分析

（1）居民收入不平衡对房价与消费之间关系的影响。

居民收入不平衡意味着不同收入群体的住房支付能力存在很大的差异，从而直接导致了不同收入群体的住房拥有率、住房资产的市值和多套房拥有比例存在明显的差异，最终影响房价与消费之间的关系。一般而言，高收入群体面临的购房压力更小，购买住房相对更容易（俞平康和王晶，2018）[170]。李剑（2014）[25]利用《中国统计年鉴》的数据计算了各个收入阶层的房价收入比①，

① 李剑计算房价收入比的公式为：全国城镇家庭人均住房面积×商品住宅平均销售价格÷城镇家庭人均可支配收入。

其结果显示，低收入阶层的房价收入比远远高于高收入阶层，即低收入户的住房支付能力相对更弱。住房支付能力的差异直接导致了不同收入阶层的住房拥有率、住房资产的市值、多套房拥有比例也大相径庭，即高收入家庭从房价上涨中获利更多，低收入家庭为了改善居住条件不得不更多地挤出消费，甚至沦为“房奴”。也就是说，房价上涨对不同收入群体消费的影响不同，二者之间可能存在非线性关系。居民收入不平衡对房价和消费关系影响的路径如图 3.2 所示。

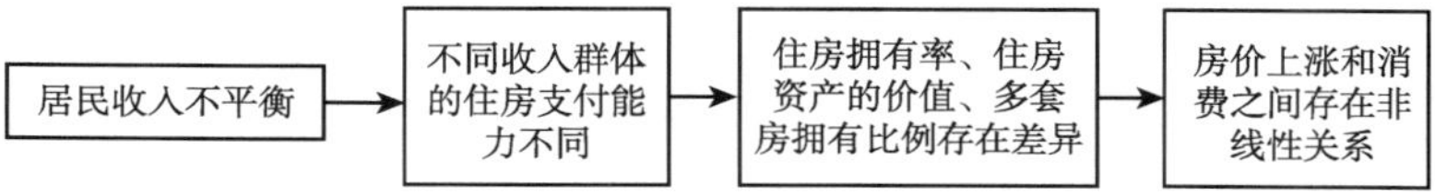

图 3.2　居民收入不平衡对房价和消费之间关系的影响

资料来源：作者根据居民收入不平衡对房价和消费关系影响的理论分析绘出。

（2）收入与城镇家庭住房情况。

本书将中国家庭追踪调查（CFPS）数据中每年各地区（省、直辖市、自治区）的城镇样本按家庭纯收入水平由低至高等分为 3 组（低收入组、中等收入组和高收入组）。在此基础上分析了不同收入组在住房拥有率、住房资产、多套住房拥有情况三个方面所存在的差异。

第一，收入与城镇家庭住房拥有率。由表 3.3 可知，在 2010—2018 年，我国城镇家庭不同收入阶层的住房拥有率均超过了 80%；同时，从历年的情况来看，家庭收入水平越高，住房拥有率就越高。例如，2018 年城镇样本下由低至高三个收入组所对应的住房拥有率分别为 83.4688%、88.9946% 和 93.3694%。

第二，收入与城镇家庭住房资产。如表 3.4 所示，在样本期内我国城镇家庭历年低、中、高三个收入组所对应的住房资产都呈上升趋势，即家庭收入水平越高，住房资产规模越大。2010—

2018年，城镇低收入家庭的住房资产处于25.1595万—48.8751万元；城镇中等收入家庭的住房资产在39.5472万—87.6565万元徘徊；城镇高收入家庭的住房资产由56.4752万元增加至129.5151万元。

表3.3　　城镇家庭收入与住房拥有情况

调查年份	低、中、高收入下的住房拥有率（%）		
	低收入	中等收入	高收入
2010	87.7551	91.7852	92.6984
2012	88.3436	90.1216	92.2481
2014	85.6305	89.9417	91.2072
2016	83.9386	89.4663	92.9308
2018	83.4688	88.9946	93.3694

资料来源：笔者利用2010—2018年CFPS数据整理得出。

表3.4　　城镇家庭收入与住房资产情况

调查年份	低、中、高收入下的住房资产均值（万元）		
	低收入	中等收入	高收入
2010	25.1595	39.5472	56.4752
2012	28.7325	43.2448	67.9723
2014	35.0311	61.5166	84.7502
2016	45.6913	72.5497	111.5385
2018	48.8751	87.6565	129.5151

资料来源：笔者利用2010—2018年的CFPS数据整理得出。

第三，收入与城镇家庭多套房拥有比例。我国城镇家庭的多套住房拥有比例在不同的收入群体之间表现出明显的差异。由表3.5可知，从2010—2018年历年的数据来看，我国城镇低、中、高收入家庭的多套房拥有比例呈递增的趋势，即家庭收入水平越高，多套住房的拥有比例也越高。例如，2018年城镇高收入家庭的多套房拥有比例为 39.3775%，是低收入家庭多套房拥有比例的 2.85 倍。

表 3.5　　城镇家庭收入与多套房拥有情况

调查年份	低、中、高收入下的多套住房拥有比例（%）		
	低收入	中等收入	高收入
2010	7.5353	15.6398	27.1429
2012	10.7362	13.8298	28.9923
2014	9.6774	15.8892	30.7005
2016	10.8939	21.9101	35.6407
2018	13.8211	25.9511	39.3775

资料来源：笔者利用 2010—2018 年的 CFPS 数据整理得出。

（3）房价对消费影响的非对称性。

正是由于不同收入群体的住房资产、住房拥有率和多套房拥有比例存在差异，房价上涨对不同收入阶层消费的影响存在非对称性。

高收入群体的住房资产价值、住房拥有率、多套房拥有比例相对较高，房价上涨对其消费的正向刺激作用主要包括兑现的财富效应和非兑现的财富效应。兑现的财富效应强调房价上涨后个体能够通过再融资或者出售（出租）住房的方式将资本收益兑现，从而促进消费。其中，再融资对信贷市场发育程度的要求较高，房价上涨意味着住房的抵押价值上升，家庭可以通过“提取住房财富”或“二次抵押”来缓解所面临的流动性约束。Gan (2010)[171]利用香港微观数据的研究显示，随着房价的上涨，居民通过住房二次抵押能够缓解所面临的信贷约束。段忠东和朱梦楠（2014）[172]利用门限模型研究了中国 35 个大中城市的房价与消费之间的关系。他们的研究显示，房价上涨能够放松有房并且受到信贷约束家庭所面临的约束，从而促进了消费。非兑现的财富效应强调随着房价的上涨，消费者从心理上认为自己变得更加富裕了，预期富裕程度的提高对其消费具有刺激作用。但住房的非兑现财富效应往往很小，因为人们常常对住房附加了心理因素，比如将其视为长期资产或长期储蓄（Thaler and Shefrin，1988）[140]，或者将其用于彰显房主的地位（Dvornak and Kohler，2003）[139]。

低收入群体的住房相对更便宜，其住房拥有率和多套房拥有比例也远远低于高收入群体，他们往往是无房或有强烈改善性住房需求的家庭，房价上涨对其消费通常具有负向的影响。对于租房户来说，房价的上涨直接导致了房租的上涨，增加了他们的居住成本，在其总收入一定的情况下，将导致其消费支出减少。当家庭有购房计划时，房价的上涨将会挤出其消费支出。房价上涨意味着家庭的购房成本增加，如果家庭选择全款购房，需要增加储蓄，减少消费支出；当家庭选择住房抵押贷款购房时，“首付＋贷款”的方式虽然能够减少家庭在购房前的压力，但若房价水平较高，积攒首付金额也会对消费产生一定的挤出效应。无论家庭是选择全款购房还是通过住房抵押贷款购房，其所面临的购房压力都会使家庭增加购房前储蓄，减少消费支出。总之，无论是对于暂时无力购房的租户，还是有购房计划的家庭，房价上涨都会对其消费支出产生抑制作用。

3.2.3　基于区域经济发展不平衡的分析

（1）区域经济发展不平衡的表现。

第一，经济增长速度的差异。各地区（省、直辖市、自治区）之间的经济增长速度差异巨大，具体表现为各地区人均GDP的增长率存在明显的差异。经济增长速度的加快会使人们对未来房价和收入持更为乐观的态度，房价和消费均有可能因此而提升。即经济增长速度是一个共同因素，它的加快同时促进了房价和消费的增长。许多学者的研究显示，在研究房价与消费之间的关系时，共同因素的影响至关重要（Calomiris et al.，2009；Attanasio et al.，2009；李剑，2018）[116-118]。由图 3.3 可以看出，不同地区（省、直辖市、自治区）的人均 GDP 增长率大相径庭，势必会对房价上涨和消费增长产生不同的影响。

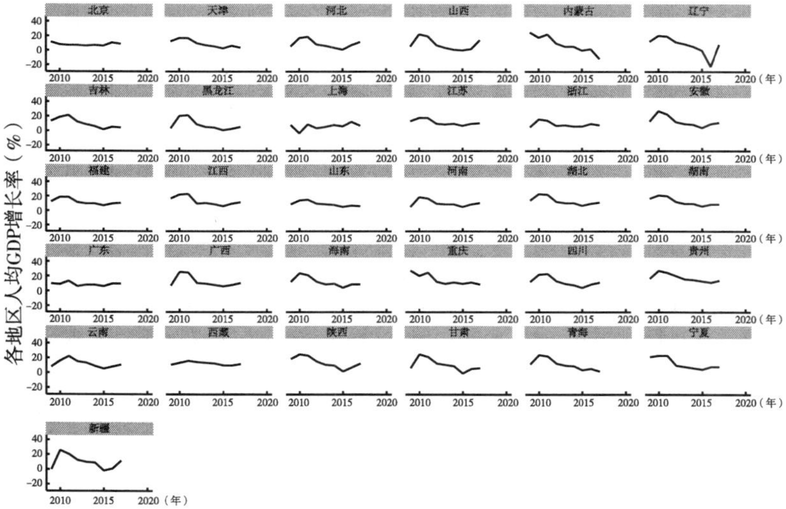

图 3.3　2009—2017 年各地区人均 GDP 增长率

资料来源：作者根据 EPS 数据平台中的区域经济数据库中的数据绘出。

第二，地区经济发展水平的差异。各地区（省、直辖市、自治区）之间的经济发展水平差异巨大，各地区（省、直辖市、自治区）的房价水平也因此而表现出明显的不同。这是因为，不同城市在公共服务水平（如医疗水平、教育水平、交通发达水平）、对外开放程度、居民人均可支配收入、城镇登记失业率等方面存在差别。高雅等（2019）[173]利用我国 2006—2014 年 29 个大中城市的面板数据实证研究了城市的基本公共服务对房价的影响。他们的估计结果显示，城市公共服务水平（特别是医疗水平）与房价是紧密相关的，在一线城市（北京、上海、广州），医疗资源的集中推动了房价的上涨。还有一些文献认为，各地区的教育资源、交通发达水平方面的差异会导致地区住房价格的不同（周京奎和吴晓燕，2008；邓慧慧等，2013）[174-175]。此外，地区的对外开放水平与房价上涨之间是紧密相关的。随着对外开放程度的提高，本地的房价水平随之上涨。也就是说，在对外开放程度越高的地区，房价水平也越高（Bardhan et al.，2004；王松涛，2009；龚维进和徐春华，2017）[176-178]。最后，居民人均可支配收入和城镇登记失业率均与房价水平的高低紧密相关，前者与房价之间为正相关关系，后者与之为负相关关系（龚维进和徐春华，2017）[178]。

各地区房价水平的差异，将导致平均而言高房价地区家庭面临的购房压力相对更大。房价收入比一般用于衡量整体而言一个地区（国家）的居民购买住房的难易程度。本书借鉴张清勇（2011）[179]关于中国房价收入比测算的相关研究，采用各地区（省、直辖市、自治区）住房套均价值与城镇家庭平均年收入之比计算宏观房价收入比。其中，住房套均价值由住宅商品房销售额与销售套数之比计算得出，数据来自中国房地产数据库；城镇家庭平均年收入是城镇家庭人均可支配收入与各地区平均家庭规模的乘积，这些数据均来源于《中国统计年鉴》。2008—2017 年各地区（省、直辖市、自治区）宏观房价收入比如图 3.4 所示（附录 3 给出了 2008—2017 年各地区的宏观房价收入比）。可以看出，在房价较高的地区，如北京、上海、广东，房价收入比也一直处于较高的水平，说明整体而言高房价地区家庭面临的住房负担更重。

（2）地区与城镇家庭住房情况。

笔者根据中国家庭追踪调查基线样本所覆盖的省（直辖市、自治区），将 2010 年、2012 年、2014 年、2016 年和 2018 年 25

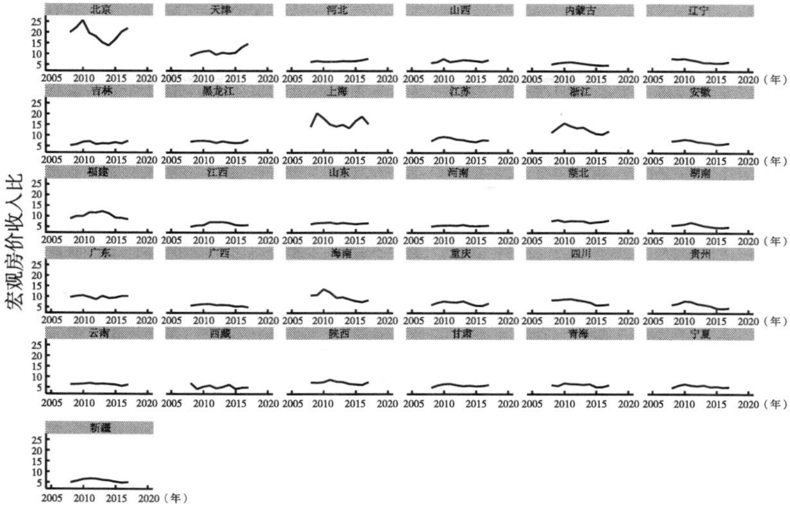

图 3.4　2008—2017 年各地区（省、直辖市、自治区）的宏观房价收入比

资料来源：作者根据 EPS 数据平台中的中国房地产数据库和《中国统计年鉴》中的数据绘制。

个省（直辖市、自治区）的住宅平均销售价格由低至高划分为低房价地区和高房价地区两组。各年两组对应的省（直辖市、自治区）如表 3.6 所示。

表 3.6　各期高房价地区、低房价地区所包含的省（直辖市、自治区）

年份	高房价地区	低房价地区
2010	北京、天津、辽宁、上海、江苏、浙江、安徽、福建、山东、广东、重庆、四川、陕西	河北、山西、吉林、黑龙江、江西、河南、湖北、湖南、广西、贵州、云南、甘肃
2012	北京、天津、辽宁、上海、江苏、浙江、福建、山东、湖北、广东、重庆、四川、陕西	河北、山西、吉林、黑龙江、安徽、江西、河南、湖南、广西、贵州、云南、甘肃

续表

年份	高房价地区	低房价地区
2014	北京、天津、辽宁、上海、江苏、浙江、安徽、福建、山东、湖北、广东、重庆、四川	河北、山西、吉林、黑龙江、江西、河南、湖南、广西、贵州、云南、陕西、甘肃
2016	北京、天津、河北、辽宁、上海、江苏、浙江、安徽、福建、山东、湖北、广东、四川	山西、吉林、黑龙江、江西、河南、湖南、广西、重庆、贵州、云南、陕西、甘肃
2018	北京、天津、河北、上海、江苏、浙江、福建、山东、湖北、广东、重庆、云南、陕西	山西、辽宁、吉林、黑龙江、安徽、江西、河南、湖南、广西、四川、贵州、甘肃

资料来源：作者根据历年的《中国统计年鉴》中的数据整理得出。

第一，地区与城镇家庭住房拥有率。由图 3.5 可知，我国城镇家庭的住房拥有情况在高房价地区和低房价地区之间表现出明显的差异，与高房价地区相比，低房价地区的住房拥有率相对更高。例如，2012 年低房价地区城镇家庭的住房拥有率为 93.8801%，而高房价地区的这一指标仅为 87.6098%。

需要注意的是，图 3.5 还显示，2010—2018 年高房价地区和低房价地区城镇家庭的住房拥有率均有所下降，这可能与城镇化速度的加快有关。随着城镇化速度的加快，大量的农村居民转换为城镇居民，但他们暂不拥有住房，从而拉低了住房拥有率的整体水平。CFPS 数据显示，2010 年高房价地区和低房价地区城镇化率的平均水平分别为 40.2574% 和 60.0238%，截止到 2018 年这两个指标分别上涨至 53.5738% 和 65.7597%。

第二，地区与城镇家庭住房资产。我国不同地区（省、直辖市、自治区）城镇家庭的住房资产存在较大的差别。由图 3.6 可知，历年高房价地区城镇家庭的平均住房资产都要远远高于低房价地区。2010 年高房价地区、低房价地区城镇家庭的住房资

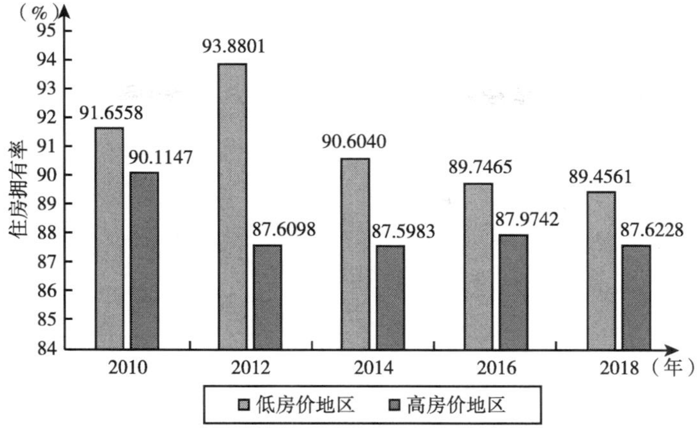

图 3.5 地区与城镇家庭住房拥有率

资料来源：作者根据 2010—2018 年的 CFPS 数据绘出。

产分别为 53.2173 万元、21.2633 万元，前者是后者的 2.5 倍；截至 2018 年，这三个指标分别为 136.9339 万元、47.8751 万元和 2.86 倍。

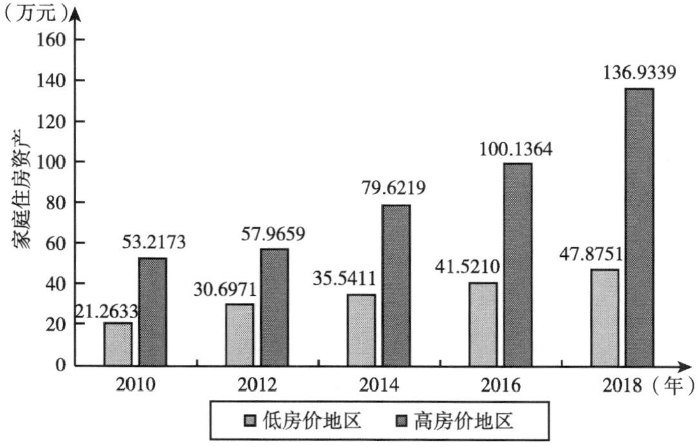

图 3.6 地区与城镇家庭住房资产情况

资料来源：作者根据 2010—2018 年的 CFPS 数据绘出。

第三，地区与城镇家庭多套房拥有比例。由图 3.7 可知，各期调查数据均显示我国城镇家庭的多套房拥有比例在高房价地区相对更高。例如，2018 年上海市的住宅平均销售价格远远高于甘肃省（前者为 2.8981 万元/平方米，后者仅为 0.5780 万元/平方米）。同期，上海市和甘肃省的多套房拥有比例分别为 36.7347%、18.0124%。

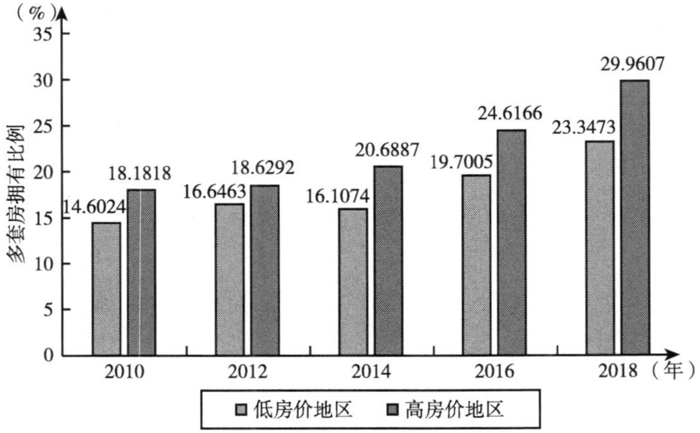

图 3.7　地区与城镇家庭多套房拥有情况

资料来源：作者根据 2010—2018 年的 CFPS 数据整理得出。

（3）地区房价差异对房价与消费之间关系的影响。

不同地区居民面临的房价水平不同，其住房负担存在显著的差异，最终导致了地区之间住房资产、住房拥有率和多套房拥有比例的不同，从而影响房价与消费之间的关系。整体而言，尽管高房价地区的住房更加值钱，但其住房拥有率也相对更低，大多数家庭为了购买住房不得不压缩开支，积攒首付金额，购房后还面临还贷压力，不得不缩减消费支出，房价上涨对其消费存在显著的抑制效应。此外，由前文的分析可知，高房价地区的多套房拥有比例相对更高，即高房价地区的住房空置率可能相对要更高。

3.3　我国城镇居民消费的特征及研究假设

3.3.1　我国城镇居民消费的特征

（1）社会地位关注与前瞻性。

中国城镇家庭十分注重自身的社会地位，各个收入阶层都会通过地位性消费来表征自身的社会地位。居民收入不平衡意味着收入分布的变化，进而使家庭之间的相对地位发生变化。此时，富裕阶层通过可视性消费来表征自身的社会地位，富裕程度较低的家庭因此而产生焦虑和地位竞争，从而增加自身的地位性消费支出。需要注意的是，住房除了兼有投资和消费的属性之外，还是地位性商品（第 4 章将通过实证分析进行证明）。因而，在居民收入不平衡的背景下，城镇家庭极有可能存在住房攀比行为。

我国居民历来有瞻前顾后、未雨绸缪的传统，其消费行为具有前瞻性，这一点与生命周期—持久收入假说是一致的。生命周期—持久收入假说强调，个体当期的消费取决于其对一生财富和收入的预期。住房在我国城镇家庭的财富中占据重要地位，因而，房价的变动势必会影响家庭的消费支出。

（2）消费受流动性约束和预防性储蓄的影响。

生命周期—持久收入假说强调，消费并不受收入一时变化的影响，然而大量的实证研究显示消费是高度依赖于同期收入的（Flavin，1981；杭斌和申春兰，2004）[52][54]。其根本原因就在于，消费者面临流动性约束和收入风险。流动性约束是指个体向机构或个人借贷时所受到的限制。杰弗里·萨克斯指出，对于那些无法借入资金且自身没有足够金融财富存量的家庭而言，其最大的消费支出等于当期所挣得的收入。也就是说，他们就是正在遭受流动性约束的家庭。弗莱文（Flavin，1985）[180]强调，流动性约束能够解释消费对当期收入所表现出的过度敏感。杰派利和帕格诺（Jappelli and Pagano，1989）[181]的研究显示，在消费对收入过度敏感的国家，消费者从资本市场借贷也很少，他们强调流动性约束是造成消费过度敏感的原因。收入的不确定性是家庭存在预防性储蓄动机的原因（宋铮，1999；李菲菲，2017）[182-183]。一般而言，随着房价的上涨，预期购房金额也随之提高。为了避免未来遭遇流动性约束，大多数有购房计划的家庭不得不增加预防性储蓄。

3.3.2 研究假设

假设1：住房是地位性商品。

假设2：居民收入不平衡通过住房攀比影响家庭的住房需求，从而在一定程度上推高了房价。

依据住房的三个属性，可以将家庭的住房需求划分为以下四类：第一，刚性住房需求。通常而言，无房户对住房的刚性住房需求更为强烈。第二，投资性住房需求。在投资渠道狭窄的环境中，随着房价的上涨，许多家庭会增加投资性购房（闫娜娜和杭斌，2020）[99]。第三，基于地位攀比的住房需求。住房是地位性商品，在居民收入不平衡的背景下，家庭会基于社会地位攀比扩大住房需求。或许这就是为何在房价高涨的背景下，许多中低收入家庭仍然要拼尽全力购买住房。在住宅用地供应有限的背景下，随着家庭住房需求的增加，房价也将随之上涨。

假设3：我国城镇家庭是前瞻性消费者，房价上涨带来的住房财富升值对消费具有拉动作用。

假设4：受居民收入不平衡、地区经济增长率和地区房价水平的影响，房价上涨对消费的影响存在异质性和同质性。

3.4　本章小结

本章是理论分析，为后文的实证研究奠定了基础。本章首先围绕城乡收入差距、城镇居民收入的地区差距和城镇内部各行业居民收入的差距三个视角分析了近年来我国居民收入不平衡的基本情况。然后分析了住房的地位性，并结合跨期消费效用最大化理论和非独立偏好理论对居民收入不平衡、社会地位关注与家庭住房需求之间的关系进行了理论分析。在土地供给一定的背景下，住房需求的扩大将会推动房价的上涨。在此基础上，最后对居民收入不平衡下房价与消费之间的关系、我国城镇居民消费的特征进行了研究，并提出了本书的研究假设。

第 3.1 节对住房的地位性进行了分析，并基于居民收入不平衡分析了社会地位关注和家庭住房需求之间的关系。从理论上看，住房具有可视性、强对比性等特点，是地位性商品，但对于我国城镇家庭而言，它是否是地位性商品还需要实证检验。虽然现有研究已经涉足住房地位性的实证检验，但仍存在一些不足之处，这也是本书进行住房地位性实证检验的出发点。社会地位寻求是以居民收入不平衡为前提的，收入差距的拉大使人们更加关注自身的社会地位水平。本节结合跨期消费效用最大化和非独立偏好理论，分析了收入差距通过影响平均财富积累水平，进而对个体的财富积累决策产生的影响，为后续关于家庭住房需求的实证研究奠定了基础。

第 3.2 节是对房价与消费之间关系的理论分析。本节首先分别基于生命周期假说、持久收入假说以及生命周期—持久收入假说对房价和消费之间的关系进行了理论分析。然后基于居民收入不平衡分析了房价与消费之间的关系。居民收入不平衡意味着不同收入阶层的住房支付能力存在差异，各个收入阶层的住房拥有率、住房资产的价值、多套房拥有比例也因此而不同。由此可知，房价对消费的影响很可能存在非对称性。本节利用中国家庭追踪调查数据分析了收入与城镇家庭的住房情况，在此基础上提出了房价对消费影响的非对称性。最后，本节基于区域经济发展不平衡分析了房价和消费的关系。本节重点关注了各地区（省、直辖市、自治区）在经济增长速度和经济发展水平这两个方面的不平衡现象。本节在分析地区与城镇家庭住房情况的基础上明确了地区房价差异对房价与消费关系的影响，即高房价地区由于住房拥有率相对更低，房价上涨对消费的抑制作用可能更大。

第 3. 3 节基于前面的理论分析，在总结我国城镇家庭消费特征的基础上提出了本书的研究假设。

第4章　住房的地位性检验

本章内容将主要分为三部分：第一，采用家庭住房面积与各地区其他家庭平均住房面积之比构建了相对住房面积，在考虑地区房价水平差异的基础上，实证分析了相对住房面积对个体主观社会地位评价的影响，证明了住房的地位性属性。第二，将参照组更换为县（区）群体进行了稳健性检验。第三，对本章内容进行总结。

4.1　研究思路与模型构建

4.1.1　研究思路

在实际应用中通常用两种方法衡量社会地位，即主观评价法和客观评价法（黄雪琴和张云矿，2018）[184]。客观评价法主要强调收入、受教育程度、职业、声望等因素的影响，主观评价法是受访者自我报告的社会地位。主观社会地位评价更加关注个体的阶层感知，更能反映人们的阶层归属感。它强调受访者在自评社会地位时一方面会参照自身的收入、受教育程度和职业等客观指标，另一方面会结合对其他因素（如社会环境、个人经历、主观感受等）的感知。因而，主观社会地位能够在一定程度上反映客观社会地位，且包含其他因素的影响（黄雪琴和张云矿，

2018；Kluegel，1977；于铁山，2015）[184-186]。在此背景下，越来越多的学者在考虑客观指标的基础上，研究参照群体的某些特征对个体主观地位评价的影响（Jackman et al.，1973；曹建美，2017；张亮和杭斌，2016）[187][76][43]。

无论是奥卡和科克森（Oka and Kockesen，2000）[188]关于负向相互依赖偏好的研究，还是以相对收入假说为基础的地位寻求模型都强调，当个体关注社会地位时，周围人群（参照组）的分布情况与个体的主观社会地位评价是紧密相关的。为此，本章采用自家住房面积与参照组其他家庭平均住房面积之比构建了相对住房面积指标，通过实证研究分析住房的地位性属性。如果相对住房面积与个人主观社会地位评价之间为正相关关系，则表明与周围人群住房面积相比，当自身的住房面积更大时，个体自评社会地位较高的概率就越大，即住房是地位性商品。

4.1.2　面板有序 Logit 模型的构建

结合社会地位关注的理论分析可知，个体关注自身的社会地位时，参照群体地位性商品的分布情况会影响其主观社会地位评价水平。本章中被解释变量是个体的主观社会地位评价水平，结合 5 期的中国家庭追踪调查数据可知，个体主观社会地位评价水平是排序数据，此时最为常用的估计方法是面板有序 Logit 模型。

考虑到当期的社会地位评价水平和相对住房面积之间可能互为因果，本章将在实证研究中采用滞后一期的相对住房面积作为核心解释变量来解决可能存在的内生性问题。本章将建立面板有序 logit 模型［见式（4.1）］来实证研究住房是否为地位性商品。

$$\begin{aligned} status_{it}^{*} &= \theta_0 + \theta_1 \, varea_{it-1} + \theta_2 \, Z_{it} + \varepsilon_{it} \\ &= x'\theta + \varepsilon \end{aligned} \tag{4.1}$$

式（4.1）中，i 代表个体，t 代表时间。$varea_{it-1}$代表家庭 i 在第（$t-1$）期的相对住房面积。Z_{it}是一组控制变量，主要包括家庭现住房市值、地区住房套均价值和能够表征个人特征的变量（如职业类型、年龄、受教育程度、政治面貌和个人健康状况），ε_{it}为误差项。

需要注意的是，从理论上来看，家庭收入也是影响自我主观社会地位评价的重要因素，但结合所采用的微观调查数据可知，家庭收入仅是一年的收入，难以代表其持久收入，因而在模型中并没有考虑家庭收入这个变量。

$status_{it}^*$是潜变量，通常不易观测，与现实中可以直接观测到的个体主观地位评价变量$status_{it}$（由低到高分别为 1、2 、3 、4、5）相对应，$status_{it}$有 5 个有序选择，因此存在 4 个临界值，分别记为 k_1，k_2，k_3，k_4，且 $-\infty < k_1 < k_2 < k_3 < k_4 < +\infty$，均为待估参数。

$$status_{it} = \begin{cases} 1 & if\ status_{it}^* \leqslant k_1 \\ 2 & if\ k_1 < status_{it}^* \leqslant k_2 \\ 3 & if\ k_2 < status_{it}^* \leqslant k_3 \\ 4 & if\ k_3 < status_{it}^* \leqslant k_4 \\ 5 & if\ status_{it}^* > k_4 \end{cases} \tag{4.2}$$

假设随机扰动项 ε_{it}服从 Logistic 分布，$\Phi(\cdot)$ 是其累积分布函数，则个体 i 选择特定选项的概率为：

$$\begin{aligned} p(status_{it} = 1) &= p(status_{it}^* \leqslant k_1) = p(x'\theta + \varepsilon \leqslant k_1) \\ &= \Phi(k_1 - x'\theta) \\ p(status_{it} = 2) &= p(k_1 < status_{it}^* \leqslant k_2) = p(k_1 < x'\theta + \varepsilon \leqslant k_2) \\ &= \Phi(k_2 - x'\theta) - \Phi(k_1 - x'\theta) \\ p(status_{it} = 3) &= p(k_2 < status_{it}^* \leqslant k_3) = p(k_2 < x'\theta + \varepsilon \leqslant k_3) \\ &= \Phi(k_3 - x'\theta) - \Phi(k_2 - x'\theta) \\ p(status_{it} = 4) &= p(k_3 < status_{it}^* \leqslant k_4) = p(k_3 < x'\theta + \varepsilon \leqslant k_4) \\ &= \Phi(k_4 - x'\theta) - \Phi(k_3 - x'\theta) \end{aligned}$$

$$p(status_{it}=5)=p(k_4<status_{it}^{*}\leqslant k_5)=p(k_4<x'\theta+\varepsilon\leqslant k_5)$$
$$=1-\Phi(k_4-x'\theta) \quad (4.3)$$

利用这一概率能够得出有序选择模型所对应的对数似然函数，方便利用极大似然估计方法对模型进行估计（段鹏，2010）[189]。

4.2 住房地位性检验的实证分析

4.2.1 变量说明与描述性分析

本章所使用的数据主要来自 CFPS 数据库中 2010 年、2012 年、2014 年、2016 年和 2018 年的成人库与家庭经济库，根据个人与调查年份构建了平衡面板数据（利用 stata 中的 xtbalance 命令，保存了 5 期都参与调查的个人，难以避免的是其中有个别受访者的某些变量在某些调查年份存在缺失值），在此基础上筛选出城镇样本。参照组的选择是进行地位性检验的关键问题之一。许多文献的研究表明，人们倾向于向和自身有类似特征（如年龄、职业、地理位置等）的群体攀比[190-192]。本书根据家庭所在的地区和县区分别选择各省（直辖市、自治区）群体、各县区群体作为参照组。需要注意的是参照组规模的大小与其效应负相关（Nonnenmacher，2007）[193]，而个别县区包含的成人数量较少（有 3.9% 的个体所处县区包含的成人个数不超过 10 户），为了使得估计结果更加保守，本书只考虑了包含成人个数超过 10 户的县区。

（1）变量说明。

第一，个体主观社会地位评价。该变量为本章的被解释变量。CFPS 调查数据中有关于个人社会地位的专项问题“您在本地的社会地位?”受访者在 1—5（分别表示很低、较低、中等、较高、很高）之间进行选择。

第二，家庭住房面积。家庭住房面积和本章节中相对住房面积是紧密相关的，本章首先对家庭住房面积进行了简单介绍。

CFPS 数据中有专门关于家庭住房面积的问题，前两轮调查的问卷内容为“您家现在住房的建筑面积是多少平方米?”后三轮调查增加了问项“至今，您家现住房的住房面积有没有发生变化?”因此，2010 年、2012 年家庭住房面积直接来源于 CFPS 数据，2014 年、2016 年、2018 年如果家庭住房面积与前一期相比没有发生变化，那么相应的值与滞后一期一致。

家庭住房面积存在一些异常值，本书主要做了以下处理：①在第 5 期数据中有一户城镇家庭的住房面积与总体的分布相差较大，达到了 3000（fid18 = 621811）平方米。经过与 2016 年住房情况相比，该住房与 2016 年调查时（2016 年报告的住房面积为 160 平方米）是同一个住房（fq1 = 1），居住房屋类型也和 2016 年相同，均为小楼房。由此可以判定该户住房面积属于极值，但无法确定其真实值，因此赋值为缺失。②对于安徽省的城镇家庭（fid = 340298，cid14 = 100600），2010 年其住房面积为 300 平方米，2012 年开始其住房面积扩大为 2500 平方米，其房屋类型一直为小楼房。参考 2012 年与该家庭处于同一个社区（cid 均为 100600），且当前住房市值相同（均为 20 万元）家庭的住房面积（fid = 340319，面积为 200 平方米），可以推断出该户的住房面积很可能为 250 平方米。此外，参考 2014 年该社区的平均建房成本（600 元/平方米）、该户在 2014 年报告房屋购买建造成本（8 万元）以及 2014 的住房市值（17.5 万元），也可以判断出 2014 年该户的住房面积很有可能是 250 平方米，由 2014—2018 年其住房面积与上期相比均未发生变化，可以得出 2012—2018 年其住房面积均为 250 平方米。此外，根据以上方法还对以下城镇家庭进行了处理：第 5 期 fid 为 621811，第 3 期 fid 为 410119。

第三，相对住房面积。该变量是指自家住房面积与各参照组中其他家庭的平均住房面积（不包含自家的住房面积）之比。其中，参照组主要分为各省（直辖市、自治区）家庭和各县区家庭。本书以参照组为省（直辖市、自治区）家庭时相对住房面积的构建为例予以说明。例如，第 t 年省份 M 包含的家庭个数为 m，其中第 i 个家庭的住房面积为 h_i 平方米（$i=1, 2, \cdots, m$），家庭 i 的相对住房面积 $narea_i = h_i/\left(\frac{1}{m-1}\right)\sum_{j=1,j\neq i}^{m} h_j$。

第四，家庭现住房市值。CFPS 数据中关于住房财富的变量有“现住房市值”“其他房产市值”。其中 CFPS 团队通过录音修正、逻辑修正、与其他年份对比等方法对现住房市值的异常值进行了修正，因而与其他指标相比现住房市值的准确性更高，在实证研究中本章采用的是现住房市值变量。需要注意的是，个别家庭拥有的住房套数为 0，但其仍然报告了现住房市值。因此，本书按家庭拥有的住房套数是否为 0 对现住房市值变量进行了修正。如果家庭拥有的住房套数为 0，则将其现住房市值也修正为 0。

第五，各地区住房套均价值和各县区现住房市值的中位数。各地区住房套均价值是指各地区住宅商品房销售额与其销售套数之比，数据来源于中国房地产数据库。该变量用于反映各地区房价水平的差异。各县区现住房市值的中位数是指各期、各县区家庭现住房市值的中位数，用于反映县区房价水平的差异。

第六，个人职业虚拟变量。CFPS 的问卷中有关于个人工作单位性质的问项“您工作的这个单位属于以下哪一个?”选项主要包括：政府部门/国有/集体事业单位、私营企业等。本书根据该问项生成了表示个体职业的虚拟变量，个人现在在政府部门、国有企业或事业单位工作取值为 1，否则取值为 0。

第七，个人受教育程度。CFPS 的成人库中有关于个人已完成最高学历的问项，本书据此生成了描述个人受教育程度的虚拟变量。如果受访者的学历为本科及以上，该虚拟变量取值为 1，否则取值为 0。

第八，个人健康状况。CFPS 的成人库中有关于个人健康状况的问项“您认为自己的健康状况如何?”受访者在 1—5（健康程度由高到低）之间进行选择。

第九，其他控制变量。主要包括个人年龄和个人政治面貌。其中个人政治面貌按照个人是否为中共党员来生成虚拟变量，是取值为 1，否则取值为 0。

（2）变量的描述性统计分析。

第一，CFPS 中个人主观社会地位评价的等级分布。本书首先利用 CFPS 的五期数据，对个人主观社会地位评价的等级分布进行了描述性统计分析，结果见表 4. 1。

表 4. 1　个人主观社会地位评价等级分布（城镇家庭）

采访年份	个人主观社会地位评价等级				
	1（很低）	2（较低）	3（中等）	4（较高）	5（很高）
样本观测值（2010 年）	1056	1188	3244	709	168
所占比例（%）（2010 年）	16. 59	18. 66	50. 97	11. 14	2. 64
样本观测值（2012 年）	1119	1384	3063	627	275
所占比例（%）（2012 年）	17. 30	21. 40	47. 36	9. 69	4. 25
样本观测值（2014 年）	726	1147	3494	1010	359
所占比例（%）（2014 年）	10. 78	17. 03	51. 87	14. 99	5. 33
样本观测值（2016 年）	1025	1343	3325	937	448
所占比例（%）（2016 年）	14. 48	18. 97	46. 98	13. 24	6. 33
样本观测值（2018 年）	614	1103	3531	1393	833
所占比例（%）（2018 年）	8. 22	14. 76	47. 24	18. 64	11. 15

数据来源：笔者利用 2010—2018 年的 CFPS 数据整理得出。

由表 4.1 可知，城镇样本中有 46.98%—51.87% 的个体认为自身的社会地位处于中等水平，认为自身的社会地位水平较低的个体占比为 14.76%—21.40%，认为自身社会地位水平较高的个体占比为 9.69%—18.64%。

第二，主观社会地位评价与家庭住房面积。已有学者的研究表明，CFPS 数据中最高地位等级 5 对应的住房面积的均值并不是最高的，说明那些生活水平最高的家庭不一定有最高的社会地位认知（曹建美，2017；王立凯，2016）[76][162]。本书进一步将主观社会地位评价划分为低（评价值为 1 和 2）、中（评价值为 3）、高（评价值为 4 和 5），对三个地位层级下的家庭住房面积对应的均值进行描述性统计分析。描述性统计的结果见表 4.2。

表 4.2 不同地位等级下家庭的住房面积均值（城镇家庭）

变量及采访年份	个人主观社会地位评价等级		
	低	中	高
家庭住房面积（平方米）（2010 年）	105.8071	125.0606	145.1521
家庭住房面积（平方米）（2012 年）	114.5377	132.3982	133.5074
家庭住房面积（平方米）（2014 年）	106.8087	128.2445	142.6939
家庭住房面积（平方米）（2016 年）	116.0366	132.8052	141.4766
家庭住房面积（平方米）（2018 年）	112.5305	129.7985	138.9258

由表 4.2 可知，城镇样本下家庭住房面积随主观社会地位评价的提高而增大。即整体而言，家庭的住房面积越大，家庭成员的主观社会地位评价水平也越高。

第三，当参照组为各地区（省、直辖市、自治区）家庭时其他变量的描述性分析。表 4.3 给出了相关变量的描述性分析。

表 4.3　参照组为省（直辖市、自治区）家庭时其他变量的描述性分析

解释变量	观测值	均值	标准差	最小值	最大值
相对住房面积	25517	0.9932	0.6326	0.0947	7.1145
家庭现住房市值（万元）	23580	42.0551	62.9568	0	420
各地区住房套均价值（万元）	26071	75.5505	55.8400	25.0448	358.4135
个人职业虚拟变量	26071	0.1692	0.3750	0	1
个人年龄	26071	49.2580	14.7452	16	94
个人受教育程度	25992	0.0637	0.2442	0	1
个人政治面貌	25274	0.1030	0.3040	0	1
个人健康状况	26069	2.8676	1.2354	1	5

注：①表 4.3 及本章以下各表中“各地区”是指各省（直辖市、自治区）。

②关于工作单位的问项，每期都有观测值是无法判断、缺失、不适用、拒绝回答和不知道，导致个人职业虚拟变量存在缺失值，上表排除了这些观测值。

第四，当参照组为各县区家庭时其他变量的描述性分析。表 4.4 给出了相关变量的描述性分析。

表 4.4　参照组为县区家庭时其他变量的描述性分析

解释变量	观测值	均值	标准差	最小值	最大值
相对住房面积（参照组为县区家庭）	24459	1.0093	0.5937	0.0839	7.8329
家庭现住房市值（万元）	22682	42.2015	63.0872	0	420
各县区现住房市值中位数（万元）	24993	75.3731	55.5133	25.0448	358.4135
个人职业虚拟变量	24993	0.1681	0.3740	0	1
个人年龄	24993	49.4198	14.6923	16	94
个人受教育程度	24915	0.0603	0.2380	0	1

续表

解释变量	观测值	均值	标准差	最小值	最大值
个人政治面貌	24259	0.1035	0.3047	0	1
个人健康状况	24991	2.8655	1.2405	1	5

注：①由于第5期调查数据暂未包含区县码，当参照组为县区家庭时，本章在对变量进行描述性分析时排除了第5期数据。

②关于工作单位的问项，每期都有观测值是无法判断、缺失、不适用、拒绝回答和不知道，导致个人职业虚拟变量存在缺失值，上表排除了这些观测值。

③上表排除包含成人个数不超过10的县区。

4.2.2　模型估计与结果分析

（1）参照组为各省（直辖市、自治区）家庭时模型估计与结果分析。

本节将结合实证模型分析住房是否能够表征社会地位，其中被解释变量是个人的主观社会地位评价，核心解释变量是滞后一期的相对住房面积，控制变量包括现住房市值、地区住房套均价值、个人职业虚拟变量、个人年龄、个人受教育程度、个人政治面貌和个人健康状况。

如果滞后一期相对住房面积对个人的主观社会地位评价水平具有显著的正向影响，就表明住房面积的大小能够表征社会地位，即住房是地位性商品。鉴于被解释变量是有序变量，本书在实证分析中采用的计量模型为面板有序 Logit 模型，利用的估计方法是极大似然估计。

由表4.5可知：

①参照组为各省（直辖市、自治区）家庭时的滞后一期相对住房面积的回归系数显著为正。这表明与各省（直辖市、自治区）其他家庭的平均住房面积相比，自家的住房面积相对越大，个体的主观社会地位评价取较大值的概率也越大，揭示了住房的地位性属性。

②家庭现住房市值的回归系数显著为正。这是因为，家庭现住房市值反映了其现在的居住条件（包括地理位置、周边配套设施等），家庭现在居住的条件越完善，家庭成员感知主观社会地位较高的概率就越大。由 2010—2018 年的中国家庭追踪调查（CFPS）数据可知，个人主观地位评价小于、等于和大于 3 时，家庭现住房市值的平均水平分别为：33.7536 万元、40.5451 万元和 41.6847 万元。个人的主观社会地位评价水平随家庭现住房市值的增加而提高，这从侧面再次论证了住房的地位性属性。

③各地区住房套均价值的回归系数是显著为正的。地区住房套均价值这一变量主要用于控制地区之间房价水平的差异，它的回归系数显著为正。这表明，整体而言，在房价水平相对更高的地区，个人感知自身社会地位处于较高水平的概率更大。

④个人职业虚拟变量对其主观社会地位评价的回归系数显著为正。即当个人在国企或事业单位工作时其社会地位感知水平相对更高。

⑤其他变量的影响。个人年龄、个人受教育程度、个人政治面貌和个人健康状况对主观社会地位评价的影响均是显著的。个人年龄越大，其主观社会地位评价水平较高的概率也越大；较高的受教育程度有助于个人形成较高的社会地位认知；与非中国共产党党员相比，党员更容易形成较高的社会地位评价；身体的健康状况越好，个体自评社会地位处于较高水平的概率相对更大。

表 4.5　参照组为省（直辖市、自治区）家庭所对应的回归结果

解释变量	城镇家庭			
	系数估计值	稳健标准误	Z 值	p 值
滞后一期的相对住房面积	0.2337***	0.0327	7.13	0.0000
Ln 家庭现住房市值	0.0246***	0.0047	5.29	0.0000
Ln 各地区住房套均价值	0.3106***	0.0421	7.39	0.0000

续表

解释变量	城镇家庭			
	系数估计值	稳健标准误	Z 值	p 值
个人职业虚拟变量	0.1036 *	0.0547	1.89	0.0058
个人年龄	0.0333 ***	0.0018	18.73	0.0000
个人受教育程度	0.4842 ***	0.0801	6.04	0.0000
个人政治面貌	0.3820 ***	0.0735	5.20	0.0000
个人健康状况	-0.2954 ***	0.0193	-15.28	0.0000
样本数	16433			
Wald $\chi^2(8)$	738.67			
prob $>\chi^2$	0.0000			

注：表 4.5 及本书以下各表中 *、**、*** 分别表示在 10%、5%、1% 的水平下显著。

（2）参照组为县区家庭时模型估计与结果分析。

如上所述，选择县区家庭作为参照组时，笔者只考虑了那些包含成人个数超过 10 户的县区。当参照组为县区家庭时，相应的实证分析结果如表 4.6 所示。

表 4.6　参照组为县区家庭所对应的回归结果

解释变量	城镇家庭			
	系数估计值	稳健标准误	Z 值	p 值
滞后一期的相对住房面积（参照组为县区家庭）	0.2015 ***	0.0366	5.51	0.0000
Ln 家庭现住房市值	0.0272 ***	0.0049	5.55	0.0000
Ln 各县区现住房市值中位数	0.1202 ***	0.0249	4.82	0.0000
个人职业虚拟变量	0.0925 *	0.0554	1.67	0.0950
个人年龄	0.0339 ***	0.0018	18.93	0.0000
个人受教育程度	0.4793 ***	0.0816	5.88	0.0000
个人政治面貌	0.3376 ***	0.0734	4.60	0.0000

续表

解释变量	城镇家庭			
	系数估计值	稳健标准误	Z 值	p 值
个人健康状况	-0.2904***	0.0196	-14.85	0.0000
样本数	15816			
$Wald\ \chi^2(8)$	675.92			
$prob > \chi^2$	0.0000			

由表 4.6 的回归结果可知，尽管计算相对住房面积时所选择的参照组有所不同［由原来的省（直辖市、自治区）家庭变更为县区家庭］、衡量区域房价水平的变量也存在差异（由原来的地区住房套均价值变为各县区现住房市值中位数），但回归结果仍然与表 4.5 是一致的。

4.3　本章小结

本章利用面板有序 Logit 模型对个人主观社会地位评价的影响因素进行了实证分析，通过严谨的实证研究证明了住房的地位性属性，为后续关于家庭住房需求的研究奠定了基础。

第 4.1 节是本章的研究思路和模型构建。首先对比了主观社会地位评价和客观社会地位评价之间的差异，指出主观评价法对社会地位的衡量更为常用；然后采用自家住房面积与参照组其他家庭平均住房面积的比构建了相对住房面积这一指标，为住房地位性的实证检验奠定了基础；最后详细介绍了本章所采用的计量方法（面板有序 Logit 模型）。

第 4.2 节是住房地位性检验的实证分析。首先对涉及的变量进行了说明和描述性分析，然后分别选择各省（直辖市、自治区）的家庭和各县区的家庭作为参照组进行了实证分析。两个参照组下的回归结果均显示：①滞后一期相对住房面积和家庭现住房市值的回归系数均显著为正。即与参照组其他家庭的平均住房面积相比，自家的住房面积越大，个体更倾向于认为自身属于高社会地位人群。同时，家庭现在的居住条件越高，其自评社会地位较高的概率也越大。②地区（县区）的房价水平对个体的主观社会地位评价有显著的正向影响。在房价水平较高的地区（县区），个人认为自身社会地位较高的可能性更大。③个人职业、年龄、受教育程度、政治面貌以及健康状况等因素的影响也都是符合预期的。

第 5 章　社会地位关注与家庭住房需求

由第 4 章的实证研究可知，住房是一种地位性商品。本章将基于此，进一步研究居民收入不平衡引发的住房攀比对家庭住房需求的影响。在居民收入不平衡的视角下分析社会地位关注与住房需求之间的关系需要注意以下问题。首先，鉴于住房是地位性商品，家庭关于住房的消费行为在很大程度上依赖于人际的攀比。当周围人群的住房面积扩大时，即使自身的收入并无变化，消费者也会有购房计划。其次，收入分布的变化意味着家庭间相对地位的变化。收入差距的拉大意味着部分家庭的收入相对降低，富裕家庭为了表征自身社会地位更倾向于购买面积更大、品质更好的住宅，这将会导致富裕程度较低的家庭出现更高的期望、焦虑和地位竞争，其购房意愿也因此而增强。

5.1　模型构建

本章主要在居民收入不平衡的背景下，研究社会地位关注与家庭住房需求之间的关系。根据第 3 章的理论分析，本章将通过以下二元离散选择模型实证研究居民收入不平衡引发的地位攀比对家庭住房需求的影响。

$$Y_{it} = f(gini_{jt}, erprice_{jt}, tjzfjz_{jt}, houses_{it}, age_{it}, \varepsilon_{it}) \tag{5.1}$$

$$Y_{it}^{*} = \beta_0 + \beta_1 gini_{jt} + \beta_2 erprice_{jt} + \beta_3 tjzfjz_{jt} + \beta_4 houses_{it} + \beta_5 age_{it} + \varepsilon_{it} = X'_{it}\beta \tag{5.2}$$

$$X'_{it} = (1, gini_{jt}, erprice_{jt}, tjzfjz_{jt}, houses_{it}, age_{it}) \tag{5.3}$$

$$E(\varepsilon_{it} \mid X_{it}) = 0 \tag{5.4}$$

$$P(Y_{it} \mid X_{it}) = \Lambda(X'_{it}\beta)^{Y_{it}}[1 - \Lambda(X'_{it}\beta)]^{1-Y_{it}} \tag{5.5}$$

$$P(Y_{it} = 1 \mid X_{it}) = E(Y_{it} \mid X_{it}) = \Lambda(X'_{it}\beta) \tag{5.6}$$

$$P(Y_{it} = 0 \mid X_{it}) = 1 - \Lambda(X'_{it}\beta) \tag{5.7}$$

其中，i 代表家庭，t 代表年份，j 代表各地区。Y_{it}为衡量家庭是否有住房需求的虚拟变量，当家庭在第 t 年有住房需求时，Y_{it}取值为 1，反之，Y_{it}则取值为 0。$gini_{jt}$是衡量各省（直辖市、自治区）收入差距的变量，本章拟采用基尼系数、泰尔指数、20% 最高收入家庭的收入占比三个指标来测度。$erprice_{jt}$是预期的各省（直辖市、自治区）房价上涨率，$tjzfjz_{jt}$是各省（直辖市、自治区）住房套均价值，$houses_{it}$代表家庭所拥有的住房套数，age_{it}表示户主年龄，ε_{it}为随机扰动项。Y_{it}^{*} 为潜在变量，当 Λ 为标准正态分布的分布函数时，对应的回归模型为 Probit 模型；当 $\Lambda(z) = e^{z}/(1+e^{z})$ 时，对应的回归模型是 Logit 模型，对上述两种模型进行估计时采用的方法都为极大似然估计。假设 $\lambda(z) = \Lambda(z)/dz$，则对于第 t 期每个家庭而言，边际效应 $\partial P(Y_{it} = 1 \mid X_{it})/\partial(gini_{jt}) = \lambda(X'_{it}\beta) \cdot \beta_1$，它表示在控制家庭其他特征的基础上，当收入差距发生变化时，家庭购房的概率怎样变化。值得注意的是，面板 Probit(PA) 和面板 Logit(PA) 模型中 PA 表示总体平均模型（population - average)，适用于因变量被重复测量的情形下。

本章通过两种方法测度了家庭的住房需求：一是利用 CFPS 数据，以当期及以后年份是否有购房行为判断家庭是否有住房需求；二是采用了 CHFS 数据，根据家庭未来 5 年是否有购房计划来衡量家庭的住房需求。上述两种测度方法，均存在重复测量，所以本书在对家庭住房需求的回归中选择总体平均模型（PA）。

许多文献的研究表明，人们倾向于向和自身有类似特征的群体攀比[79][190-192]，本章选择各省（直辖市、自治区）的家庭作为参照组。

需要注意的是，现有文献对家庭住房需求的测度方法并不一致。其中大多数都是围绕住房的面积、价格、销售套数和销售额来测度住房需求的。随着研究的深入和微观调查数据的发展，逐渐有学者注意到了个体的购房意愿。表 5.1 列出了部分学者关于住房需求研究的相关情况。

表 5.1　　关于住房需求相关研究汇总表

作者	研究关键词	利用的数据	住房需求/购房意愿的测度
Mankiw et al. (1989)[90]	—	美国的人口普查数据（1970 年和 1980 年）	家庭住房财产的价值
Eichholtz 和 Lindenthal(2014)[91]	住房需求；人口学特征	英国住房情况调查（English Housing Condition Survey，EHCS）数据	住房服务的现金流（已付租金或住房使用成本）
李超等（2015）[92]	人口结构；住房需求；人口抚养比；GWR 模型	宏观数据：2002 年、2006 年、2010 年、2011 年的《中国城市统计年鉴》《中国城市建设统计年鉴》《中国区域经济统计年鉴》。微观数据：2001 年、2005 年、2009 年、2010 年中国社会科学院城市与竞争力研究中心、竞争力模拟实验室开展的住房满意度调查	各地级和地级以上城市的商品房成交面积与销售均价的乘积，即各城市的商品房成交总额

续表

作者	研究关键词	利用的数据	住房需求/购房意愿的测度
祝仲坤和冷晨昕(2017)[95]	购房意愿；影响因素；稳健性；农民工市民化	2011 年的中国社会状况综合调查（Chinese Social Survey，CSS）数据	用虚拟变量表示：如果受访者有购房计划（包括计划在一年内、两年内、三年内购房或者有购房的计划）取值为 1，否则取值为 0
杭斌和余峰(2018)[78]	收入差距；社会地位；住房面积；房价；Heckman 两步法	2010 年、2012 年和 2014 年的中国家庭追踪调查数据（China Family Panel Studies，CFPS）	家庭住房面积
丁洋和郑江淮(2018)[94]	人口老龄化；住房需求；倒“U”形	WIND 数据库、中经网数据库、国家统计局网站（采用的 2005—2015 年中国 31 个省的相关数据）	住宅商品房成交的套数
蔡宏波等(2019)[96]	生育；收入；住房需求；房价	2011 年中国社会状况综合调查（Chinese Social Survey，CSS）数据	家庭总住房市值（万元）除以住房存量价格（万元/套），其中住房存量价格通过 Hedonic 模型估计得出
邓宏乾等(2019)[93]	出生率；老龄化；房价；住房需求；OLG 模型	《中国统计年鉴》《新中国 60 年统计资料汇编》（采用的 2010—2016 年中国 31 个省份的相应数据）	商品住房的平均销售价格乘以销售面积

与上述学者关于住房需求的测度不同，本章主要利用微观家庭调查数据，并采用以下两种方法来测度家庭的住房需求：一是结合 CFPS 数据，根据家庭现住房的购买年份明确家庭在当期及

以后年份是否购房，并进一步确定家庭当期的购房意愿。二是采用 CHFS 数据，根据家庭在未来 5 年是否有购房打算来确定家庭当期是否存在住房需求（与祝仲坤和冷晨昕（2017）[95] 的做法类似）。

5.2　基于中国家庭追踪调查数据的实证分析

在本节的研究中，笔者采用 2010—2018 年 CFPS 数据，在排除了中间退出调查的家庭后，构建了平衡面板数据（鉴于采用的是微观调查数据，难以避免其中个别家庭的某些变量在某些年份存在缺失），并排除了农村样本。

5.2.1　Holt - Winter 无季节因素指数平滑法

鉴于本节将利用 Holt - Winter 无季节因素指数平滑法测算预期房价指数，在此先对该方法进行介绍。该方法是简单指数平滑法的扩展，在平滑方程中加入了线性趋势，能够用于具有趋势的时间序列数据。设时间序列为 h_t，Holt - Winter 模型可以表示为：

$$a_t = \theta h_t + (1 - \theta)(a_{t-1} + b_{t-1})$$

$$b_t = \eta(a_t - a_{t-1}) + (1 - \eta)b_{t-1}$$

其中，a_t代表序列 h_t在时间 t 的均值或持久成分，b_t是序列 h_t的趋势增量。θ 和 η 是平滑常数，取值范围均是大于 0 小于 1。

由上述分析可知，a_t：一方面与时间序列 h_t的观测值有关，另一方面也与前一期的平滑值和趋势增量紧密相关。b_t给出了趋势增量的修正过程。本书将采用 Eviews6 得出了 Holt - Winter 无季节因素指数平滑法下各地区的房价指数（当年住宅平均销售价格与上一年之比）的预期值。附录1给出了各地区房价指数与预期房价指数的值及其图。

5.2.2　变量说明及描述性分析

（1）变量说明。

第一，住房需求。CFPS数据中有关于家庭住房购买或建造年份的问项，据此可以判断出受访户住房的具体购买（建造）时间。结合这一问项，本书定义了虚拟变量Y_{it}。对于在第t年和以后年份买房的家庭（本书称其为有明确购房意愿的家庭），有$Y_{it}=1$，否则$Y_{it}=0$。例如，当$t=2010$时，如果家庭在2010年及以后的年份购买了住房，则$Y_{i2010}=1$。同理，$Y_{i2012}=1$代表在2012年及以后年份购房的家庭。

第二，衡量收入差距的变量。本章构建了3个指标用来衡量收入差距，分别是：基尼系数、各地区20%最高收入家庭收入占比和泰尔指数。为了避免样本选择偏误，上述收入差距指标均在城镇样本下计算得出。

第三，各地区预期房价指数。本书采用Holt－Winter无季节因素指数平滑法对地区（各省、直辖市、自治区）房价指数（这里是指当年住宅平均销售价格与上一年之比）进行了估计，最终得出了各地区预期房价指数。

第四，各地区住房套均价值。第4章已详细地介绍了该变量，在此不再赘述。

第五，家庭拥有的住房套数。首先，CFPS的问卷中有关于现住房产权的问项“您家现住房归谁所有?”选项主要包括：家庭成员拥有完全（部分）产权、公房、廉（公）租房等。笔者首先生成了现住房是否自有的虚拟变量。如果现住房是家庭成员拥有完全产权或部分产权，则认为该住房为家庭所有，取值为1；否则取值为0。其次，CFPS还涉及有关家庭拥有其他房产的问项，即“除了现住房外，您或其家庭成员是否为其他住房的房主”“不包括现住房，您或其家庭成员拥有的其他房产数量”，笔者根据这两个问项确定了家庭所拥有的其他房产数量。最后，结合现住房是否自有和家庭所拥有的其他房产数量，计算得出了家庭拥有的住房套数。

第六，户主年龄。第 1 章已介绍了 CFPS 数据中户主的确定，本节结合户主信息和个人年龄确定了户主年龄。

（2）描述性分析。

上述变量的描述性分析如表 5.2 所示。

表 5.2　变量的描述性分析（中国家庭追踪调查数据）

变量	观测值	均值	标准差	最小值	最大值
家庭住房需求	8550	0.1248	0.3305	0	1
各地区 20% 最高收入家庭收入占比	8550	0.3948	0.0539	0.2299	0.5663
各地区泰尔指数	8550	0.3143	0.0787	0.1467	0.5662
各地区基尼系数	8550	0.4251	0.0504	0.2883	0.5546
各地区预期房价指数	8550	1.0848	0.0580	0.9360	1.2107
各地区住房套均价值（万元）	8550	76.7067	55.4919	25.0448	358.4135
家庭拥有的住房套数	8503	1.1695	0.6925	0	8
户主年龄	8257	49.4152	12.2428	18	86

5.2.3　模型估计及结果分析

本章首先采用中国家庭追踪调查（CFPS）数据，利用面板 Probit（Logit）模型对城镇家庭的住房需求进行实证研究，所采用的估计方法为极大似然估计法。其中衡量收入差距的变量是核心解释变量，此外在回归分析中还考虑了地区房价差异（各地区住房套均价值）对家庭住房需求的影响。具体的回归结果如表 5.3 所示。

表 5.3　利用中国家庭追踪调查（CFPS）数据时的回归结果

解释变量	面板 Probit（PA）模型			面板 Logit（PA）模型		
	(1)	(2)	(3)	(4)	(5)	(6)
滞后一期各地区 20% 最高收入家庭收入占比	1.3291 *** (0.3900)	—	—	2.2886 *** (0.7536)	—	—
滞后一期各地区泰尔指数	—	0.8241 * (0.4548)	—	—	1.4952 * (0.8555)	—
滞后一期各地区基尼系数	—	—	1.5488 ** (0.6970)	—	—	2.8921 ** (1.3293)
各地区预期房价指数	2.1167 *** (0.4045)	2.2076 *** (0.4181)	2.2483 *** (0.4191)	4.1607 *** (0.7953)	4.4392 *** (0.8224)	4.5548 *** (0.8250)
Ln 各地区住房套均价值	-0.7008 *** (0.0659)	-0.7300 *** (0.0668)	-0.7187 *** (0.0671)	-1.4705 *** (0.1360)	-1.5309 *** (0.1365)	-1.5101 *** (0.1367)
家庭拥有的住房套数	-0.2100 *** (0.0365)	-0.2085 *** (0.0364)	-0.2075 *** (0.0364)	-0.4137 *** (0.0724)	-0.4137 *** (0.0724)	-0.4122 *** (0.0722)
户主年龄	-0.0040 ** (0.0020)	-0.0040 ** (0.0020)	-0.0040 * (0.0020)	-0.0077 ** (0.0039)	-0.0074 * (0.0039)	-0.0073 * (0.0039)
常数项	5.6666 *** (1.0173)	6.2295 *** (1.0735)	5.6289 *** (1.1573)	12.7680 *** (2.1291)	13.7048 *** (2.1907)	12.5324 *** (2.3285)
样本观测值	6670	6670	6670	6670	6670	6670
Wald $\chi^2(5)$	219.12	206.23	204.95	225.64	217.51	216.60

注：表 5.3 中括号内为标准误。

需要注意的是，衡量各地区收入差距的三个变量（20% 最高收入家庭收入占比、泰尔指数和基尼系数）、各地区预期房价上涨率和各地区住房套均价值均不受单个家庭购房意愿的影响，因而从经验研究来看，可以认为他们是外生的；家庭拥有的住房套数往往是家庭长期财富积累的结果，不受当期家庭购房意愿的影响，因而也可以认为它是外生的。

由表5.3的第1列可知：

第一，滞后一期各地区20%最高收入家庭收入占比的回归系数是显著为正的，回归结果证实了我们的猜想，即居民收入不平衡所引发的住房攀比对家庭的住房需求具有刺激作用。这表明收入差距的拉大和家庭住房需求的扩大之间存在正相关关系，同时也揭示了收入差距对家庭住房需求的影响存在滞后性。即随着上一期收入差距的拉大，高收入家庭率先通过购买更大更好的住房来表征自身的社会地位，中低收入家庭为了“面子”也会咬紧牙关购买住房，甚至不惜透支“六个钱包”[①]。将各地区20%最高收入家庭收入占比替换为泰尔指数和基尼系数后，以上结论仍然成立。

第二，各地区预期房价指数的回归系数显著为正，这表明当预期房价上涨时家庭会扩大自身的住房需求。可能的原因有两个：一是预期房价上涨意味着家庭面临的不确定性增加，对住房有刚性或改善性需求的家庭担心房价会持续上涨，以后购买住房需要花费更多的资金，从而尽早买房。二是住房既是投资品也是消费品，当预期房价上涨时，在投资渠道狭窄的背景下，家庭会扩大投资性购房。

第三，各地区住房套均价值对家庭购房的概率具有显著的负向影响，证明了地区间房价差异对家庭购房意愿的影响。即平均而言，在房价越高的地区家庭的购房意愿越弱。中国家庭追踪调查（CFPS）数据显示，城镇样本下，2010年上海市有购房意愿的

---

① 六个钱包：是一个网络流行词，指买房时需要男女双方的父母、祖父母、外祖父母共同出资，共六个钱包。

家庭占比为18.1818%，而甘肃省的这一指标则高达29.4872%。平均而言，高房价地区家庭面临的购房压力更高，买房对于许多中低收入家庭而言是“可望而不可及”的。

第四，家庭拥有住房套数的回归系数是显著为负的，说明无房户或现居住条件差的家庭改善居住条件的欲望更为强烈。原因有两个：一是无房户的刚性住房需求更为强烈。二是现在拥有的住房套数越多，家庭改善居住条件的意愿越弱。结合2010年的中国家庭追踪调查（CFPS）数据可知，城镇家庭中无房户中有购房计划的家庭占比为32.7044%，有一套房和有两套及以上家庭的这一指标分别为28.6169%和22.1843%。

第五，户主年龄的回归系数显著为负。这种现象可能源于以下两个原因：一是在房价高企的背景下，绝大多数家庭通过住房抵押贷款购买住房，而各大银行在办理住房抵押贷款时对于购房者的年龄上限均有明确的规定。二是住房需求的主体应该是年轻家庭，他们对于住房有刚性或较强的改善性需求。

5.3 基于中国家庭金融调查数据的实证分析

本节将运用CHFS数据重新构建家庭住房需求指标。在本章第5.2节中，笔者利用中国家庭追踪调查（CFPS）数据中的“住房购买（建造）年份”识别出了家庭在当年是否有住房需求。然而，由于当前可用的数据有限，对多少年内购房就认为家庭有购房意愿并无定论，这就导致有购房意愿的家庭占比逐期递减。例如，对第1期的家庭而言，只要其在2010—2018年有购房行为就认为他有购房意愿；对于第2期的家庭而言，只要其在2012—2018年有购房行为就认为他有购房意愿；以此类推，由于第5期是当前公开的最后一期数据，只要其在2018年有购房行为就认为个体在第5期有购房意愿。为了更加准确地测度家庭的购房意愿，本节将利用中国家庭金融调查（CHFS）数据中有关于购房意愿的问项，“未来五年，您家是否有新购/新建住房的打算?”“未来，您家是否打算新购/新建住房?”“您家打算何时购买住房?”，重新构建了家庭住房需求这一指标，如果家庭在未来5年有新购（新建）住房的打算，则认为其有住房需求，取值为1；否则，则认为该家庭没有住房需求，取值为0。

需要注意的是，第1期（2011年）中国家庭金融调查（CHFS）数据中并没有关于家庭是否有新购（新建）住房的问项。因而，本节采用的是第2期（2013年）、第3期（2015年）和第4期（2017年）的中国家庭金融调查（CHFS）数据。其中2015年的调查数据中关于家庭购房计划的问项只询问了A问卷受访户，因而，笔者在实证研究中排除了2015年B问卷受访户。

5.3.1 变量的描述性分析

其他解释变量在第5.2节中已详细介绍，本节与其不同之处仅在于利用的微观调查数据为中国家庭金融调查数据，在此不再详细地介绍，仅给出家庭住房需求和其他解释变量的描述性分析（如表5.4所示）。

表5.4 变量的描述性分析（中国家庭金融调查数据2013—2017年）

变量	观测值	均值	标准差	最小值	最大值
家庭住房需求	3226	0.1488	0.3559	0	1
各地区20%最高收入家庭收入占比	3282	0.4860	0.0377	0.3419	0.6893
各地区泰尔指数	3282	0.3730	0.0830	0.1287	0.5388
各地区基尼系数	3282	0.4630	0.0538	0.2539	0.5596

续表

变量	观测值	均值	标准差	最小值	最大值
各地区预期房价指数	3282	1.0671	0.0532	0.9204	1.1949
各地区住房套均价值（万元）	3282	77.9470	53.8298	32.1748	302.6189
家庭拥有的住房套数	3042	1.2459	0.5700	0	6
户主年龄	3282	58.0533	13.8193	20	119

注：表5.4的描述性分析排除了第1期（2011年）的数据。

5.3.2　模型估计及结果分析

本节将利用CHFS数据，运用面板Probit（Logit）模型对中国城镇家庭的住房需求进行了实证分析，所采用的估计方法是极大似然估计法，相应的回归结果见表5.5。

表5.5　利用中国家庭金融调查（CHFS）数据时的回归结果

解释变量	面板Probit（PA）模型			面板Logit（PA）模型		
	(1)	(2)	(3)	(4)	(5)	(6)
滞后一期各地区20%最高收入家庭收入占比	1.1523* (0.6348)	—	—	2.1761* (1.1454)	—	—
滞后一期各地区泰尔指数	—	0.8995** (0.3617)	—	—	1.7364*** (0.6532)	—
滞后一期各地区基尼系数	—	—	1.2194* (0.6513)	—	—	2.4211** (1.1931)
地区预期房价指数	1.1026* (0.5975)	1.3048** (0.6045)	1.2804** (0.6064)	2.1230* (1.1075)	2.5313** (1.1216)	2.4985** (1.1260)
Ln各地区住房套均价值	-0.1783*** (0.0655)	-0.1245* (0.0706)	-0.1457** (0.0697)	-0.3298*** (0.1224)	-0.2286* (0.1316)	-0.2676** (0.1301)
家庭拥有的住房套数	-0.0937* (0.0548)	-0.0956* (0.0547)	-0.0986* (0.0547)	-0.1771* (0.1018)	-0.1796* (0.1017)	-0.1854* (0.1017)

续表

解释变量	面板 Probit（PA）模型			面板 Logit（PA）模型		
	(1)	(2)	(3)	(4)	(5)	(6)
户主年龄	-0.0181*** (0.0024)	-0.0179*** (0.0024)	-0.0179*** (0.0024)	-0.0331*** (0.0046)	-0.0327*** (0.0046)	-0.0327*** (0.0045)
常数项	0.7224 (1.1889)	-0.0142 (1.2647)	0.0799 (1.3402)	1.3742 (2.2289)	-0.0561 (2.3650)	0.0506 (2.5056)
样本观测值	2992	2992	2992	2992	2992	2992
Wald $\chi^2(5)$	75.99	78.25	75.76	74.48	77.61	74.71

注：①表 5.5 中括号内为标准误。

②表 5.5 的回归分析中排除了第 1 期（2011 年）的数据。

由表 5.5 的回归结果可知，尽管对家庭住房需求的测度发生了变化，所采用的微观调查数据也由原来的 CFPS 数据变更为了 CHFS 数据，但回归结果仍然与表 5.3 是一致的。滞后一期各地区 20% 最高收入家庭的收入占比对家庭的住房需求具有显著的正向影响，其他变量的回归结果也没有发生显著的变化。利用滞后一期泰尔指数和滞后一期基尼系数衡量各省（直辖市、自治区）的收入差距后，上述结论仍然成立。因而可以认为本章的回归结果是稳健的。

5.4　本章小结

本章利用我国的两大微观家庭调查数据（CFPS 数据和 CHFS 数据），采用两种方法测度了家庭的住房需求，然后在居民收入不平衡的视角下分析了社会地位关注与家庭住房需求之间的关系。各节的主要内容如下：

第 5.1 节是模型的构建。本节构建了二元选择模型，为实证研究居民收入不平衡引发的住房攀比对家庭住房需求的影响奠定了基础。

第 5.2 节是基于 CFPS 数据的实证分析。该部分利用 CFPS 数据中“住房购买（建造）年份”这一问项构建了家庭是否有住房需求的虚拟变量，如果家庭在当期及以后年份有购房行为，就认为家庭在当期有购房意愿，然后利用面板 Probit 模型和面板 Logit 模型对收入差距、社会地位关注与住房需求之间的关系进行了实证分析。回归结果显示：①上一期的收入差距的回归系数是显著为正的。随着收入差距的拉大，高收入家庭率先扩大了自身的住房需求，为了防止自身社会地位的下降，富裕阶层较低的家庭也扩大了住房需求。②各地区预期房价指数与家庭住房需求之间为显著的正相关关系。③在房价越高的地区，家庭的购房意愿越弱。④家庭拥有的住房套数、户主年龄均与其购房意愿呈负相关关系。无论是运用各地区 20% 最高收入家庭的收入占比还是泰尔指数（基尼系数）来衡量收入差距，上述结论都仍然成立。

第 5.3 节基于 CHFS 数据，重新构建家庭住房需求指标后，进行了实证分析。尽管利用 CFPS 数据构造的指标可以识别出家庭在当年是否有购房计划，但由于当前可用的数据有限（只有 5 期调查数据），该指标存在一定的测量误差。因而，本节根据 CHFS 数据中的问项“未来五年，您家是否有新购/新建住房的打算?”重新构建了家庭住房需求虚拟变量。尽管被解释变量的构建方法有所不同，所采用的微观数据也存在差异，但回归结果与第 5.2 节的回归结果仍然是一致的。

第6章　我国房价与消费关系异质性的实证研究

本书的第四章结合实证研究证实了住房的地位品属性，第五章利用 CFPS 数据和 CHFS 数据实证研究了收入差距引发的社会地位关注对家庭住房需求的影响，其估计结果显示，居民收入不平衡能够通过住房攀比刺激家庭的住房需求。事实上，正是住房的地位性属性以及居民收入不平衡所引发的住房攀比对家庭住房需求的驱动作用使得房价上涨对低收入阶层（购房压力较大的群体）的消费具有抑制作用，否则高企的房价会使得他们放弃购房，房价上涨对其消费支出的影响也将微乎其微，第四章和第五章的实证分析为笔者对房价和消费关系的异质性研究奠定了基础。那么在居民收入不平衡和地区间房价差异的背景下，我国房价对消费的影响是否存在异质性呢？如果存在又如何对二者之间的异质性关系进行分离呢？本章将围绕上述问题展开系统的实证研究。

6.1　估计方法与模型的构建

由第三章的理论分析可知，受居民收入不平衡影响，不同收入阶层的住房拥有情况存在明显的差别，房价上涨对不同收入阶层消费的影响也因此而存在不同。高收入群体的住房拥有率、住房资产及多套房拥有比例相对较高，他们往往是房价上涨的受益者；低收入群体中的无房户更多，即便有房通常也花费了大量的积蓄，而且其住房的价值普遍不高，对这些群体而言，房价上涨的弊大于利。总之，居民收入不平衡导致的住房支付能力的差别最终使得房价上涨对不同群体消费的影响存在明显的差异，即可能存在门限效应。门限模型主要用于分析变量之间关系的结构突变，即研究一个变量（门限变量）的数值超过特定值（门限值）后，区制变量（受门限变量取值影响的变量）的估计值发生突然转向的现象。为了更加准确地测度房价和消费之间的非线性关系，本书将利用面板门限模型对二者之间的关系进行实证研究。

6.1.1　面板门限模型介绍

（1）面板门限模型及其估计。

面板门限模型主要包括单一门限模型和多重门限模型，Hansen（1999）[194]提出了以残差平方和最小化作为估计门限值的条件，并构建了检验门限值显著性的统计量，使对门限值的估计和检验更为准确。

本章借鉴汉森（Hansen，1999）[194]、王群勇（Wang，2015）[195]等关于个体固定效应面板门限模型的研究，将系统介绍单一门限下相应的模型。

$$\begin{cases} Y_{it} = \alpha_0 + \boldsymbol{X}_{it}\beta_1 + \mu_i + \varepsilon_{it}, & if\ q_{it} \leqslant \gamma \\ Y_{it} = \alpha_0 + \boldsymbol{X}_{it}\beta_2 + \mu_i + \varepsilon_{it}, & if\ q_{it} > \gamma \end{cases} \tag{6.1}$$

其中，$i=1, 2, \cdots, N$，$t=1, 2, \cdots, T$，q_{it}是门限变量，γ为待估的门限值，$\boldsymbol{X}_{it}$是解释变量，μ_i是个体效应，ε_{it}是误差项。

引入示性函数后，式（6.1）可以简化为：

$$Y_{it} = \alpha_0 + \boldsymbol{X}_{it}I(q_{it} \leqslant \gamma)\beta_1 + \boldsymbol{X}_{it}I(q_{it} > \gamma)\beta_2 + \mu_i + \varepsilon_{it} \tag{6.2}$$

其中 $I(\cdot)$ 是示性函数，且满足以下关系：

$$I(q_{it} \leqslant \gamma) = \begin{cases} 1 & if\ q_{it} \leqslant \gamma \\ 0 & if\ q_{it} > \gamma \end{cases};\ I(q_{it} > \gamma) = \begin{cases} 1 & if\ q_{it} > \gamma \\ 0 & if\ q_{it} \leqslant \gamma \end{cases} \tag{6.3}$$

式（6.2）还可以写为：

$$Y_{it} = \alpha_0 + \boldsymbol{X}_{it}(q_{it}, \gamma)\beta + \mu_i + \varepsilon_{it} \tag{6.4}$$

其中

$$\boldsymbol{X}_{it}(q_{it}, \gamma) = \begin{cases} \boldsymbol{X}_{it}I(q_{it} \leqslant \gamma) \\ \boldsymbol{X}_{it}I(q_{it} > \gamma) \end{cases},\ \beta = (\alpha, \beta_1, \beta_2) \tag{6.5}$$

给定 γ，β 的普通最小二乘法估计量为

$$\hat{\beta} = \{\boldsymbol{X}^*(\gamma)'\boldsymbol{X}^*(\gamma)\}^{-1}\{\boldsymbol{X}^*(\gamma)'\boldsymbol{Y}^*\} \tag{6.6}$$

在式（6.6）中，$\boldsymbol{Y}^*$ 和 $\boldsymbol{X}^*$ 是组内离差。残差平方和（RSS）等于 $\hat{\varepsilon}^{*\prime}\hat{\varepsilon}^*$。

从门限变量 q_{it} 的取值中找到一个 $\hat{\gamma}$，使得残差平方和最小，即：

$$\hat{\gamma} = \underset{\gamma}{argmin} RSS(\gamma) \tag{6.7}$$

在得到门限值 $\hat{\gamma}$ 后，还需要进行门限效应、门限值检验。

（2）门限效应检验。

门限效应检验的原假设、备择假设分别是：

$$H_0: \beta_1 = \beta_2;\ H_1: \beta_1 \neq \beta_2 \tag{6.8}$$

Hansen（1999）[194]构建了 LR 检验统计量：

$$LR = \frac{[RSS^* - RSS(\hat{\gamma})]}{RSS(\hat{\gamma})/N(T-1)} \tag{6.9}$$

其中，RSS^* 是线性模型（即不存在门限效应）下的残差平

方和，$RSS(\hat{\gamma})$ 是门限模型所对应的残差平方和。LR 的渐进分布依赖于样本矩，可采用 bootstrap 法计算其临界值。如果门限效应检验的结果是拒绝原假设的，则表明模型是存在门限效应的，应该继续进行门限值一致性的检验。反之，则认为门限效应并不存在，应该直接采用线性模型进行回归分析。

（3）门限值检验。

门限值检验的原假设为：

$$H_0:\gamma = \gamma_0 \tag{6.10}$$

对应的似然比检验统计量为：

$$LR_1 = \frac{RSS(r) - RSS(\hat{r})}{RSS(\hat{r})/N(T-1)} \tag{6.11}$$

Hansen（1999）[194]基于似然比统计量计算出了相应的非拒绝域，并据此确定了使原假设成立的置信区间。给定显著性水平 α，其中 α 为 0.1、0.05、0.01 时，对应的临界值分别为 6.53、7.35、10.59。当 $LR_1(\gamma_0) > -2\ln(1-\sqrt{1-a})$ 时，拒绝原假设，否则，就接受原假设。

已有一些学者开始注意到房价对消费的非对称性影响，并采用面板门限模型展开了相应的研究。董照樱子（2019）[196]利用面板门限模型实证研究了我国 35 个大中城市的房价收入比、贷款 GDP 之比处于不同的区间时，房价对消费的非对称性影响。其研究结果显示，房价收入比小于 7.9850 时，房价上涨带来的财富效应更为显著，金融市场的发展水平越高（贷款 GDP 之比大于 2.7875），房价上涨带来的财富效应相对越大。刘颜和周建军（2019）[106]也关注了金融市场与住房市场的发展对房价与消费之间关系的非线性影响。他们将地区的金融发展水平和房价增长率作为门限变量后的研究结果显示，房价与消费之间为显著的负相关关系，同时地区的金融发展水平和房价增长率处于不同水平时，房价对消费的负向影响程度也有所不同。然而，他们的研究采用的均是宏观数据，而且没有考虑居民收入不平衡对房价与消费之间关系的影响。

6.1.2　实证模型的构建

目前学者们关于房价和消费之间关系的研究主要采用了两类模型，一类是研究房价水平和消费之间的静态关系，主要通过分析家庭住房财富或房价水平作为核心解释变量时，其对消费的影响；另一类主要研究房价变动或住房价值变动和消费变动之间的动态关系。国内学者大多数采用的是前者，国外学者的相关研究则主要集中于后者。事实上，我国的高房价地区往往也是高收入地区，由《中国统计年鉴》公布的数据可知，2017 年各地区的住房平均销售价格与各地区城镇人均可支配收入之间的相关系数高达 0.9003。也就是说，在研究房价对消费的影响时，如果以房价水平作为核心解释变量，那么估计结果往往是包含了收入因素的。有鉴于此，本书将研究房价上涨率与消费增长率之间的动态关系。结合关于房价对消费影响异质性的理论分析，本书将构建以下面板门限回归模型：

$$\begin{aligned}\Delta \ln C_{it} = {} & \alpha_0 + \alpha_1 \Delta \ln hp_{jt} I(rp_{it} \leqslant \theta) + \alpha_2 \Delta \ln hp_{jt} I(rp_{it} > \theta) \\ & + \alpha_3 \ln M_{jt} + \alpha_4 \Delta \ln Y_{it} + \alpha_5 \, rgdp_{jt} + \gamma z_{it} + \nu_i + \mu_{it}\end{aligned} \tag{6.12}$$

式（6.12）中，i、j 和 t 分别代表家庭、省（直辖市、自治区）和年份。rp_{it} 代表家庭购房压力系数，为门限变量；θ 为待估计的门限值，I 是示性函数，当括号中的表达式成立时取值为 1，否则取值为 0。$\ln hp_{jt}$、$\ln M_{jt}$、$\ln C_{it}$、$\ln Y_{it}$ 分别表示取对数后的地区房价水平、地区住房套均价值、家庭人均非耐用品消费和家庭人均纯收入，$\Delta \ln hp_{jt}$、$\Delta \ln C_{it}$、$\Delta \ln Y_{it}$ 是相应变量的一阶差分，$rgdp_{jt}$ 为地区当期人均 GDP 与上期之比，表示地区人均 GDP 的变动率。z_{it} 是控制变量，这里主要包括家庭规模和户主年龄，ν_i 是个体固定效应，μ_{it}是误差项。α_1和α_2分别表示当家庭购房压力系数处于不同的区间时房价上涨对家庭消费的影响。

门限效应检验的原假设是$\alpha_1 = \alpha_2$，即房价对消费的影响与家庭购房压力系数的高低无关。只有当门限效应检验通过后，面板门限的回归才有意义。

6.2　变量说明及描述性分析

6.2.1　家庭购房压力系数的定义及描述性分析

（1）家庭购房压力系数的定义。

目前大多数学者都采用相对房价指标衡量购房压力。相对房价通常用来衡量住房的可负担性（家庭购房的难易程度），现有文献关于该指标的构建并没有统一的标准。一些学者关注了收入水平不同的家庭所面临的购房压力的差别，将相对房价定义为城市住房平均销售价格和家庭年收入（或月收入）之比（吴晓瑜等，2014；周颖刚等，2019）[197－198]。也有一些学者更加关注地区之间家庭购房压力平均水平的差异，将相对房价（房价收入比）定义为地区平均房价水平（或住房套均价值）与地区平均收入之比（张莉等，2017；张清勇，2011；何兴强和杨锐峰，2019）[199][179][200]。

结合现有的研究，本书在构建家庭购房压力系数时考虑了居民收入不平衡的影响。房价与消费之间的关系与居民收入不平衡是紧密相关的，居民收入不平衡的存在使得即使在同一地区面对相同的房价，低收入家庭和高收入家庭的感受也存在很大的差异，其消费行为也因此而大相径庭。有鉴于此，本书根据家庭所在地区（省、直辖市）的现住房市值的中位数与家庭收入之比构建了家庭购房压力系数。从静态角度来看，当地区现住房市值的中位数一定时，家庭收入水平越低，购房压力系数就越高，家庭面临的住房负担就越重。从动态角度来看，当家庭收入的增长速度落后于房价的上涨速度时，购房压力系数就会升高。

需要注意的是，在应用面板门限模型进行回归分析时，门限变量应为外生变量。本书的门限变量为家庭购房压力系数，它取决于家庭的收入和各地区家庭住房价值的整体水平，二者均不受单个家庭消费增长率的影响，故从经验研究来看，可以认为它是外生的。本章将以家庭购房压力系数作为门限变量，在考虑地区经济增长速度和地区房价水平差异的基础上实证分析房价上涨率与消费增长率之间的非线性关系。

（2）不同收入水平下的家庭购房压力系数。

首先，本书将深入分析收入水平不同的家庭所对应购房压力系数平均水平的差异。借鉴国家统计局关于全国居民五等份收入分组的做法，笔者将中国家庭追踪调查（CFPS）数据中每年各地区（省、直辖市、自治区）的城镇样本按家庭纯收入水平由低至高顺序排列，然后等分为 5 组，20% 最低收入家庭是低收入组，其他四组依次为中低收入组（20%）、中等收入组（20%）、中高收入组（20%）和高收入组（20%），并在此基础上分析了各个收入阶层所对应家庭购房压力系数的平均水平。

由表 6.1、图 6.1 可知，整体而言，不同收入阶层的购房压力系数差异很大，收入水平越高的阶层，家庭购房压力系数的平均水平就越低。低收入组的家庭购房压力系数远远大于其他收入组。2011—2017 年低收入组对应的家庭购房压力系数处于 15.3978—28.4697，即整体上对于低收入群体而言，一套住房的价值是家庭年收入的 15—28 倍左右，他们所面临的购房负担普遍较重。此外，中低收入组、中等收入组、中高收入组、高收入组所对应家庭购房压力系数的平均水平逐层递减。其中，2011—2017 年高收入组对应的家庭购房压力系数处于 2.5475—4.0532，与低收入组相比大幅减小，也就说高收入阶层面临的购房压力远远小于低收入阶层。

表 6.1　不同收入水平下家庭购房压力系数的平均水平

年份	各个收入阶层所对应家庭购房压力系数的平均水平				
	低收入组	中低收入组	中等收入组	中高收入组	高收入组
2011	15.3978	7.9791	5.8578	4.1349	2.5475
2013	17.6968	8.9913	6.6782	5.0476	3.3418
2015	19.6295	9.5710	7.1340	5.3237	3.4709
2017	28.4697	11.3750	8.6023	6.0873	4.0532

资料来源：笔者利用中国家庭追踪调查（CFPS）数据中完全均衡的城镇数据（观测值为 3280 个）整理得出。

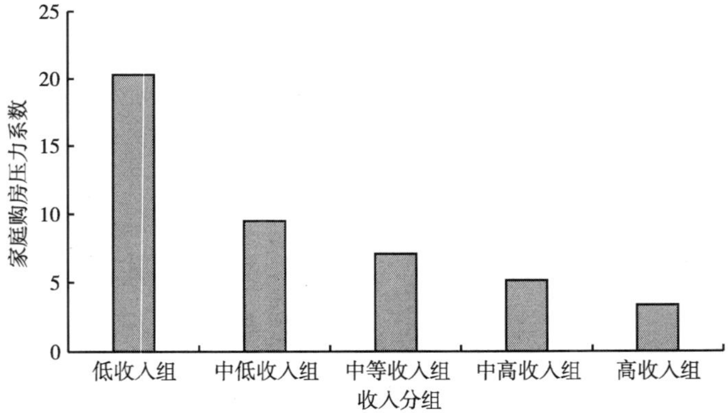

图 6.1　2011—2017 年收入分组下家庭购房压力系数的平均水平

资料来源：笔者利用中国家庭追踪调查（CFPS）数据中完全均衡的城镇数据（观测值为 3280 个）整理得出。

（3）家庭购房压力系数的变化趋势。

由中国家庭追踪调查数据（CFPS）可知，2011—2017 年城镇样本下家庭购房压力系数的平均水平呈上升趋势。2011 年家庭购房压力系数的平均水平为 7.1813，截止到 2017 年这一指标上涨至 11.7145。可能的原因主要有两个：第一，收入差距的拉大。第二，房价的上涨速度超过了收入的增长速度。

收入差距的拉大与低收入户收入增长速度较低是紧密相关的。由表 6.2 可知城镇家庭不同收入阶层的收入增长率存在较大的差异，2009—2017 年低收入组的收入增长率是最低的（仅为 4.05%），中等收入组的最高（达到了 19.36%），低收入家庭的收入增长速度要远低于高收入、中高收入家庭。

表 6.2　城镇家庭不同收入组人均可支配收入的增长率（%）

收入分组	城镇人均可支配收入增长率（2017 年与 2009 年相比）
低收入组	4.05
中低收入组	18.35
中等收入组	19.36
中高收入组	14.88
高收入组	5.96

资料来源：笔者根据《中国统计年鉴》中的数据整理得出。

无论是全国还是 31 个省（直辖市、自治区），2009—2017 年都有一些年份住宅的平均销售价格上涨率（与上一年相比）要高于城镇人均可支配收入的增长率（与上一年相比），附录给出了我国 2009—2017 年 31 个省（直辖市、自治区）的住宅平均销售价格上涨率和城镇人均收入可支配增长率图。由《中国统计年鉴》公布的数据可知，2009—2017 年我国住宅平均销售价格的上涨率在一些年份高于城镇人均可支配收入的增长率。例如，2009 年住宅平均销售价格的上涨率为 24.69%，而城镇人均可支配收入的增长率仅为 8.83%；2015 年这两个指标分别为 9.10%、8.15%；2016 年这两个指标分别为 11.28%、7.76%。在 2009—2017 年，31 个省（直辖市、自治区）均有一些年份住宅平均销售价格的上涨率超过了城镇人均可支配收入的增长率。例如，北京市2009年、2010年、2015年、2016年、2017年住宅平均销售价格的上涨率均超过了同期城镇人均可支配收入的增长率。

（4）各地区房价水平与整体家庭购房压力系数。

结合CFPS数据和《中国统计年鉴》可知，高房价地区家庭购房压力系数的整体水平相对更高（家庭购房压力系数和地区房价的相关系数高达0.4255）。例如，2017年北京市住宅平均销售价格是34117元/平方米，家庭购房压力系数的平均水平为34.9772，甘肃省这两个指标分别为5326元/平方米、4.7565。也就是说，平均而言，北京家庭的购房压力远远大于甘肃家庭。

（5）各地区房价水平与城镇人均消费增长率。

结合《中国统计年鉴》和中宏统计数据库公布的城镇居民人均消费性支出数据可知，高房价地区的消费增长率（与上一年相比）相对更低。例如，2017年北京市的住宅平均销售价格为34117元/平方米，广西省的住宅平均销售价格为5623元/平方米，同期这两个地区城镇人均消费支出的增长率分别为5.4654%和6.2547%。

6.2.2 其他变量的说明及描述性分析

（1）家庭人均非耐用品消费增长率。

即家庭人均非耐用品消费取对数后的差分。家庭人均非耐用品消费由家庭非耐用品消费及服务支出除以家庭规模得到。其中，非耐用品消费及服务支出=家庭总消费支出-耐用消费品支出。CFPS数据中给出了家庭总消费支出这一变量，需要注意的是，在2010年之后的四期调查中，CFPS整理并给出了耐用品消费品支出的数据，但2010年没有“耐用消费品支出”这个指标。为此，笔者将2010年的家庭非耐用品消费及服务支出定义为食品、医疗保健、文教娱乐、衣着、居住和其他商品及服务共6类消费支出之和。

（2）家庭人均纯收入的增长率。

即家庭人均纯收入对数后的差分。CFPS 的技术报告中给出了多项家庭人均纯收入指标，其中可比数据可以用于不同期的数据之间的比较。本书根据各期的数据特征筛选出了家庭的人均纯收入的原始数据：第一期数据中选择的变量是调整后的家庭人均纯收入；第 2 期数据中选择的指标是 2011—2012 年人均家庭纯收入 - 调整（2010 年可比）；第三期至第五期数据中选择的指标为人均家庭纯收入（与 2010 年可比）。

（3）各地区房价上涨率。

即各地区房价水平对数的差分，其中各地区房价水平是指各省（直辖市、自治区）住房的平均销售价格（元/平方米），数据来自于历年的《中国统计年鉴》。如前所述，CFPS 数据中收入、消费支出等变量的发生时间与调查年份不完全一致。有鉴于此，笔者采用了上一年即第 $t-1$ 年的房价水平。例如，当调查年份是 2012 年时，对应的房价上涨率是 2011 年房价对数与 2009 年房价对数的差。

（4）各地区住房套均价值。

该变量如何计算得出已在第五章中有所介绍，在此不再赘述。受区域经济发展不平衡影响，各省（直辖市、自治区）住房套均价值的差异巨大。例如，2017 年北京的住房套均价值最高，达到了 358.41 万元，贵州最低，仅为 46.70 万元。地区住房套均价值越高，相对房价的平均水平也越高。

（5）各地区人均 GDP 变动率。

即各地区当期人均 GDP 与上期之比，其中各地区人均 GDP 来源于中宏统计数据库中的区域年度统计数据。该指标反映了地区经济的动态变化。经济增长速度与居民消费以及房价都存在一定程度的正相关关系，是一个“共同因素”。

（6）其他的控制变量 Z_{it}。

主要包括家庭规模和户主的相关特征变量（如年龄、婚姻状况、性别和受教育程度等)。其中绝大多数家庭户主的婚姻状况、性别、受教育程度等在样本期内没有改变。因此,在实证分析中,笔者仅保留了“家庭规模”和“户主年龄”。其中,户主年龄用虚拟变量表示,户主年龄大于等于30岁并小于45岁取值为1,否则取值为0。

需要注意的是,中国家庭追踪调查(CFPS)数据中,每一期都有一些家庭的非耐用品消费支出远远超过了其家庭年收入,属于非正常现象,不具一般性,本书在以下的实证研究中剔除了非耐用品消费支出超过家庭年收入2倍的观测值。表6.3报告了主要变量的描述性统计。

表6.3　主要变量的描述性统计(2012—2018年)

变量	观测值	均值	标准差	最小值	最大值
家庭人均非耐用品消费(万元)	3280	1.5333	1.2062	0.0563	11.0671
家庭人均纯收入(万元)	3280	2.0752	1.4743	0.1067	8.1725
各地区住房套均价值(万元)	3280	78.2190	55.5091	32.0836	358.4135
各地区房价上涨率	3280	0.1643	0.0794	-0.0443	0.4252
各地区人均GDP变动率	3280	1.2025	0.1501	0.8190	1.5784
家庭规模	3280	3.5729	1.4293	1	12
户主年龄	3280	49.4592	12.0556	18	87

注:CFPS是两年一期的跟踪调查数据。表中“各地区房价变动率”和“各地区人均GDP变动率”均是以上一期(而不是上一年)为基期。

6.3 面板门限模型的回归分析

6.3.1 门限效应检验与门限值检验

(1)门限效应检验。

在利用面板门限模型进行回归分析前,笔者将首先进行门限效应检验。本书运用 Stata15.0 统计软件，将修整比例 trim 设定为 2%（即寻找门限值时不考虑门限变量取值最高和最低各 2% 的观测值），通过反复抽样 300 次得出门限效应检验统计量所对应的 p 值，并以此判断模型（6.12）中是否存在门限效应，其检验结果如表 6.4 所示。

表 6.4　　门限效应检验结果

门限个数	F 值	p 值	10% 临界值水平	5% 临界值水平	1% 临界值水平
单一门限	22.89	0.0000***	10.5821	12.5256	16.5155
双重门限	9.20	0.1267	9.8056	11.8675	14.9742
三重门限	3.80	0.8600	13.8244	15.8584	19.3380

表 6.4 列出了家庭购房压力系数作为门限变量时，模型（6.12）所对应门限效应检验的 F 值和 p 值。检验结果显示，单一门限效应检验所对应的 p 值为 0.0000，即在 1% 的水平下显著，而双重门限效应和三重门限效应的检验均没有通过（检验所对应的 p 值均超过了 10%）。因此，最终确定模型中存在单一门限，对应的门限值为 15.7315，其 95% 的置信区间分别为（14.5648，16.5975）。

（2）门限值检验。

在确定了门限值之后，还应该对门限值的一致性进行检验（原假设为门限估计值和真实值是一致的）。Hansen（1999）[194] 构造了似然比检验统计量，在给定的显著性水平下，可以计算出非拒绝域。图 6.2 为单一门限估计值的似然比函数图，虚线表示临界值 7.3523（5% 的显著性水平），最低点为门限估计值对应的点，可以看出它所对应的似然比统计量小于临界值，即门限值检验是接受原假设的，上述门限值（15.7315）是有效的。

CFPS 数据显示，2017 年门限变量的值超过 15.7315 的家庭共有 138 个，占比约为 16.83%。由此，可以把家庭购房压力系

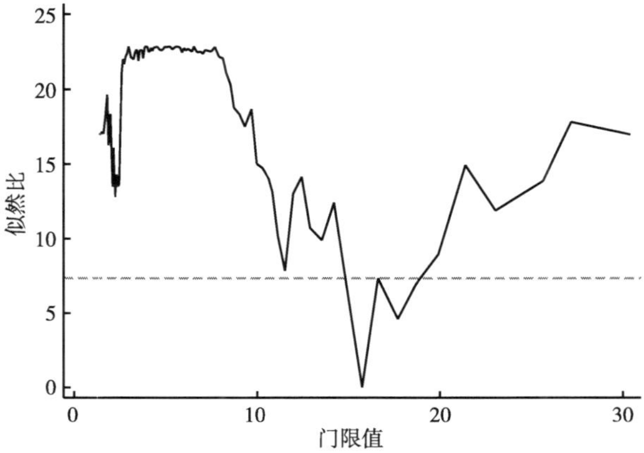

图 6.2 门限值检验

资料来源：本图来源于 CFPS 数据。

数高于门限值的家庭视为购房压力系数大的家庭，其他家庭视为购房压力系数小的家庭。笔者发现，这 138 个购房压力系数大的家庭集中分布于北京、上海等高房价地区。

另外，图 6.3 给出了家庭购房压力系数低于门限值和高于门限值时的地区平均收入曲线，前者始终位于后者的上方，即对每一个省（直辖市、自治区）而言，家庭购房压力系数的大小是由家庭收入水平决定的，收入水平越低，家庭购房压力系数越大。需要指出的是，受区域发展不平衡影响，各地区（省/直辖市/自治区）的家庭收入不具有可比性，而不同地区的家庭购房压力系数则是可比的。

6.3.2 实证结果分析

由表 6.5 第 2 栏可知：

第一，回归结果证实了本书的猜想，即房价对消费的影响存在非对称性。家庭购房压力系数小于等于门限值（15.7315）

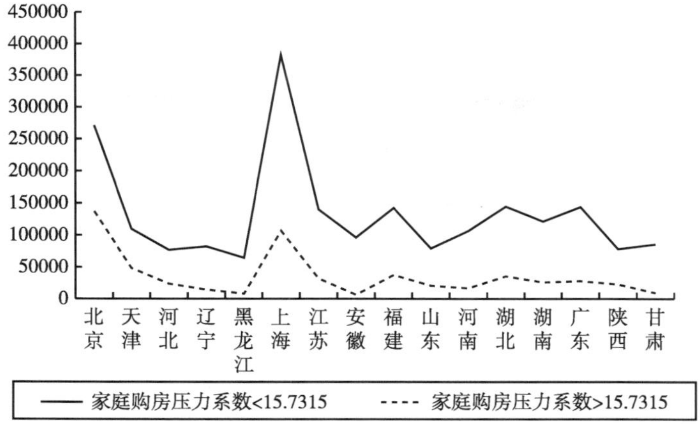

图 6.3　家庭购房压力系数处于不同区间时各地区家庭平均收入（2017 年）

注：①2017 年山西、吉林、浙江、江西、广西、重庆、四川、贵州、云南等地区的家庭购房压力系数均小于 15.7315，故图 6.3 没有考虑这些地区。

②数据由笔者利用中国家庭追踪调查（CFPS）数据中完全均衡城镇样本下第 5 期调查数据整理得出。

时，财富效应占据主导地位，房价上涨率与家庭消费增长率之间为显著的正相关关系（回归系数为 0.5797），当其他因素不变时，房价上涨率每提高 1%，家庭消费增长率平均上升 0.5797%；家庭购房压力系数大于门限值时，抑制效应占据主导地位，房价上涨率与家庭消费增长率之间为显著的负相关关系（回归系数为 -0.6770），当其他因素不变时，房价上涨率每提高 1%，家庭消费增长率平均下降 0.6770%。这是因为：首先，房价上涨对有房产的家庭和无房产家庭的影响截然不同。前者可能会因为住房财富升值而增加消费，后者则可能因居住成本提高而挤压消费。2017 年的 CFPS 数据显示，购房压力系数小的家庭（即家庭购房压力系数小于等于门限值的家庭）和购房压力系数大的家庭（家庭购房压力系数大于门限值的家庭）的住房拥有率分别为 85.95% 和 67.49%。其次，两类家庭的户均住房资产存在巨大差异（2017 年的数字分别是 134.23 万元和 63.25 万元）。显然，家庭住房财富越多房价上涨带来的财富效应越大。最后，住房条件差的群体的购房愿望更为迫切，而房价上涨过快进一步加大了这些家庭购房的难度。在购房前的几年甚至十几年中，低收入家庭为凑够首付不得不节衣缩食；购房后的很长一段时间，家庭还必须面对沉重的还贷压力，每月的收入归还贷款后所剩无几。

第二，为了控制地区因素的影响，模型中包含了地区住房套均价值这个水平变量，该变量在很大程度上反映了地区间房价水平的差异。由表 6－5 可知，地区住房套均价值与家庭消费增长率之间为显著的负相关关系（系数估计值为－0.3932），证实了房价对消费的影响存在地区异质性。在假定其他变量不变的情况下，地区住房套均价值每增长 1%，平均而言家庭消费增长率将下降 0.3932%。对此，本书给出的解释是：在住房套均价值高的地区，家庭购房压力系数普遍很高，从而抑制了消费的增长。例如，2011—2017 年北京家庭购房压力系数的平均水平为 32.65，而贵州为 5.55，整体而言北京家庭的住房负担要比贵州家庭大得多。

第三，回归结果还显示，经济增长速度是影响家庭消费增长率的重要解释变量，它的回归系数为 0.3105，证实了在研究我国房价和消费之间的关系时共同因素的重要性。在假定其他变量不变的情况下，各地区人均 GDP 变动率每增长 1%，家庭消费增长率平均上升 0.3105%。对比表 6－5 的第 2 栏和第 3 栏可知，遗漏地区人均 GDP 变动率后，财富效应被严重高估了。这是因为，人均 GDP 变动率是共同因素，消费和房价水平皆与地区经济增长速度有关。忽略地区人均 GDP 变动率这个重要解释变量，会导致房价上涨率与误差项相关，从而产生内生性问题。

表 6.5　　面板门限回归结果（因变量：家庭人均非耐用品消费的增长率）

解释变量	(1)	(2)
房价上涨率（家庭购房压力系数≤15.7315）	0.5797 *** (0.1776)	0.8010 *** (0.1626)
房价上涨率（家庭购房压力系数>15.7315）	-0.6770 ** (0.3079)	-0.3640 (0.2954)
家庭人均纯收入增长率	0.3284 *** (0.0271)	0.3322 *** (0.0273)
Ln 各地区住房套均价值	-0.3932 *** (0.0761)	-0.5523 *** (0.0568)
各地区人均 GDP 变动率	0.3105 *** (0.1030)	—
户主年龄虚拟变量	0.1034 *** (0.0368)	0.1081 *** (0.0369)
家庭规模	-0.1341 *** (0.0203)	-0.1317 *** (0.0203)
常数	5.4657 *** (1.1034)	7.9201 *** (0.7720)
观测值个数	3280	3280
整体显著性检验	F(7, 819) = 61.66	F(6, 819) = 71.94

注：①表 6.5 及本章以下各表中括号中是稳健标准误。

②“(1)”是模型（6.12）的估计结果，“(2)”是去掉“各地区人均 GDP 增长率”之后的估计结果。

6.4　稳健性检验

稳健性检验可以通过检验内部有效性和外部有效性实现。内部有效性（internally valid）强调因果效应的统计推断对当前的研究总体和环境是有效的；外部有效性（externally valid）则强调关于因果效应的统计推断可以由当前的总体、环境推广到其他总体及其环境（詹姆斯·H. 斯托克和马克·W. 沃森，2009）[201]，其中，环境是指制度、法律、社会和经济环境。内部有效性由估计量是无偏、一致和假设检验具有要求的显著性水平两部分组成。当存在遗漏重要解释变量、模型设定偏误、测量误差、样本选择、多重共线性、反向因果关系、异方差或序列相关等情况时，内部有效性将受到威胁，因而对内部有效性的检验可以围绕以上方面展开。本书在上述研究中已讨论了共同因素（各地区经济增长率）的遗漏对模型估计结果产生的影响，接下来将通过调整面板门限估计中修正比例 trim 的取值进行内部有效性检验。外部有效性受到的威胁主要来自研究总体的差异和环境的差异。因而对外部有效性的检验可以通过验证当前因果效应的统计推断是否可以推广到其他的研究总体。笔者将利用户主户籍的城镇属性重新界定城镇样本后，对当前房价和消费关系的研究结果进行外部有效性检验。

6.4.1 改变 trim 的取值

借鉴 Khalifa et al.（2013）[26]的作法，本书通过改变 trim 进行了稳健性检验。将 trim 设定为 0.01、0.05、0.06 后重新估计了模型（6.12）。

（1）trim 为 0.01 时的实证结果分析。

第一，门限效应检验。本书运用 Stata 15.0 统计软件，将修整比例 trim 设定为 1%，通过反复抽样 300 次得出检验统计量所对应的 p 值，以此判断模型（6.12）中是否存在门限效应，其检验结果如表 6.6 所示。

表 6.6　　门限效应检验结果

门限个数	F 值	p 值	10% 临界值水平	5% 临界值水平	1% 临界值水平
单一门限	19.10	0.0033 ***	11.6880	13.0442	17.9458
双重门限	8.62	0.2233	11.5796	14.1002	17.2085
三重门限	3.09	0.8767	13.1159	15.1914	21.5872

表 6.6 列出了家庭购房压力系数作为门限变量时，模型（6.12）所对应门限效应检验的 F 值和 p 值。检验结果表明，单一门限效应检验对应的 p 值为 0.0033，即在 1% 的显著性水平下显著，而双重门限效应和三重门限效应的检验均没有通过（它们所对应的 p 值均超过了 10%）。因此，最终确定模型中存在单一门限，对应的门限值为 15.6068，其 95% 的置信区间分别为（14.3504，16.4602）。

第二，门限值检验。图 6.4 为门限值检验所对应的似然比函数图，可以看出门限值 15.6068 所对应的似然比统计量小于临界值，即门限值检验是接受原假设的，门限值（15.6068）是有效的。

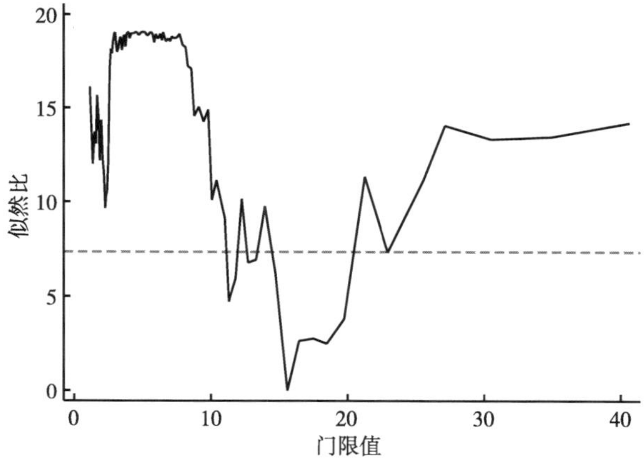

图 6.4　门限值检验

资料来源：本图来源于 CFPS 数据。

第三，实证结果分析。将 trim 设定为 0.01 时，门限值由原来的 15.7315 变为 15.6068，门限效应检验、门限值检验均能通过。回归结果（见表 6.7）显示，房价上涨与消费之间仍然存在非线性关系，当家庭房价收入比小于 15.6068 时，房价上涨率的回归系数为 0.5649（原来为 0.5797），当家庭购房压力系数大于 15.6068 时，房价上涨率的回归系数为 -0.5494（原来为 -0.6770）。其他变量的回归结果均与表 6.5 是一致的，仍然支持相应的研究结论。

表 6.7　面板门限回归结果（因变量：家庭人均非耐用品消费的增长率）

解释变量	(1)	(2)
房价上涨率（家庭购房压力系数≤15.6068）	0.5649*** (0.1774)	0.7835*** (0.1622)
房价上涨率（家庭购房压力系数>15.6068）	-0.5494* (0.3192)	-0.2326 (0.3046)
家庭人均纯收入增长率	0.3305*** (0.0272)	0.3343*** (0.0274)
Ln 各地区住房套均价值	-0.3992*** (0.0768)	-0.5578*** (0.0573)
各地区人均 GDP 变动率	0.3083*** (0.1032)	—
户主年龄虚拟变量	0.1047*** (0.0369)	0.1092*** (0.0371)
家庭规模	-0.1334*** (0.0203)	-0.1310*** (0.0204)
常数	5.5446*** (1.1124)	7.9913*** (0.7777)
观测值个数	3280	3280
整体显著性检验	F(7, 819) = 61.48	F(6, 819) = 71.83

注："(1)"是模型（6.12）的估计结果，"(2)"是去掉"各地区人均 GDP 增长率"之后的估计结果。

（2） trim 为 0.05 时的实证分析结果。

第一，门限效应检验。本书运用 Stata15.0 统计软件，将修整比例 trim 设定为 5%，通过反复抽样 300 次得出检验统计量所对应的 p 值，以此判断模型（6.12）中是否存在门限效应，其检验结果如表 6.8 所示。

表 6.8 列出了家庭购房压力系数作为门限变量时，模型（6.12）所对应门限效应检验的 F 值和 p 值。检验结果显示，单一门限效应检验对应的 p 值为 0.0033，即在 1% 的显著性水平下显著，双重门限效应和三重门限效应的检验均没有通过（它们所对应的 p 值均超过了 10%）。因此，最终确定模型中存在单一门限，对应的门限值为 15.6608，其 95% 的置信区间分别为（14.6517，16.5010）。

表 6.8　　门限效应检验结果

门限个数	F 值	p 值	10% 临界值水平	5% 临界值水平	1% 临界值水平
单一门限	21.08	0.0033***	10.7349	13.5069	18.9614
双重门限	8.88	0.1933	12.3040	15.8057	24.6091
三重门限	3.57	0.8167	15.8227	18.8363	25.6998

第二，门限值检验。图 6.5 为门限值检验所对应的似然比函数图，可以看出门限值 15.6608 所对应的似然比统计量小于临界值，即门限值检验是接受原假设的，门限值（15.6608）是有效的。

第三，实证结果分析。将 trim 设定为 0.05 时，门限值由原来的 15.7315 变为 15.6608，门限效应检验、门限值检验均能通过。回归结果（见表 6.9）显示，房价上涨与消费之间仍然存在非线性关系，当家庭购房压力系数小于 15.6608 时，房价上涨率的回归系数为 0.5746（原来为 0.5797），当家庭购房压力系数大于 15.6608 时，房价上涨率的回归系数为 -0.6314

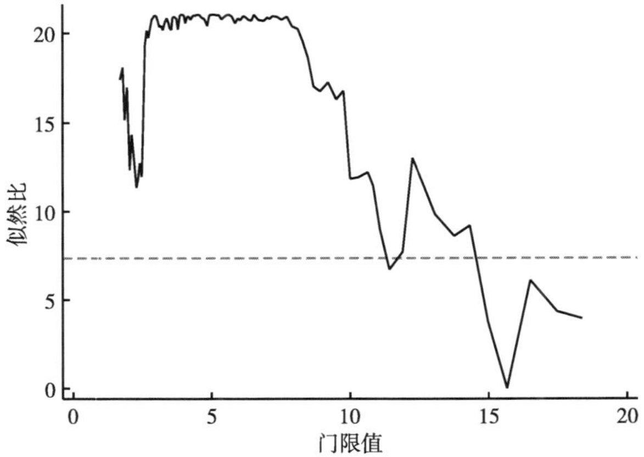

图 6.5　门限值检验

资料来源：本图来源于 CFPS 数据。

（原来为 -0.6770）。其他变量的回归结果均与表 6.5 是一致的，仍然支持相应的研究结论。

表 6.9　面板门限回归结果（因变量：家庭人均非耐用品消费的增长率）

解释变量	(1)	(2)
房价上涨率（家庭购房压力系数≤15.6608）	0.5746*** (0.1775)	0.7945*** (0.1623)
房价上涨率（家庭购房压力系数>15.6608）	-0.6314** (0.3109)	-0.3195 (0.2986)
家庭人均纯收入增长率	0.3292*** (0.0272)	0.3330*** (0.0274)
Ln 各地区住房套均价值	-0.3967*** (0.0762)	-0.5549*** (0.0569)
各地区人均 GDP 变动率	0.3087*** (0.1030)	—

续表

解释变量	(1)	(2)
户主年龄虚拟变量	0. 1040 *** (0. 0368)	0. 1086 *** (0. 0370)
家庭规模	-0. 1339 *** (0. 0203)	-0. 1316 *** (0. 0204)
常数	5. 5137 *** (1. 1040)	7. 9550 *** (0. 7729)
观测值个数	3280	3280
整体显著性检验	F(7, 819) = 62. 09	F(6, 819) = 72. 48

注："（1）"是模型（6. 12）的估计结果，"（2）"是去掉"各地区人均 GDP 增长率"之后的估计结果。

（3）trim 为 0. 06 时的实证分析结果。

第一，门限效应检验。本书运用 Stata15. 0 统计软件，将修整比例 trim 设定为 6%，通过反复抽样 300 次得出检验统计量所对应的 p 值，以此判断模型（6. 12）中是否存在门限效应，其检验结果如表 6. 10 所示。

表 6. 10　门限效应检验结果

门限个数	F 值	p 值	10% 临界值水平	5% 临界值水平	1% 临界值水平
单一门限	23. 00	0. 0033 ***	11. 0392	13. 0527	17. 5435
双重门限	9. 94	0. 1300	10. 3567	13. 2305	25. 3502
三重门限	4. 33	0. 8167	15. 9763	19. 6756	26. 6846

表 6. 10 列出了家庭购房压力系数作为门限变量时，模型（6. 12）所对应门限效应检验的 F 值和 p 值。检验结果显示，单一门限效应检验对应的 p 值为 0. 0033，即在 1% 的显著性水平下显著，双重门限效应和三重门限效应的检验均没有通过（它们所对应的 p 值分别为 0. 1300 和 0. 8167，均超过了 10% 的临界水

平)。因此，最终确定模型中存在单一门限，对应的门限值为15.8439，其95%的置信区间分别为（15.1270，16.2449）。

第二，门限值检验。图6.6为门限值检验所对应的似然比函数图，可以看出门限值15.8439所对应的似然比统计量小于临界值，即门限值检验是接受原假设的，上述门限值（15.8439）是有效的。

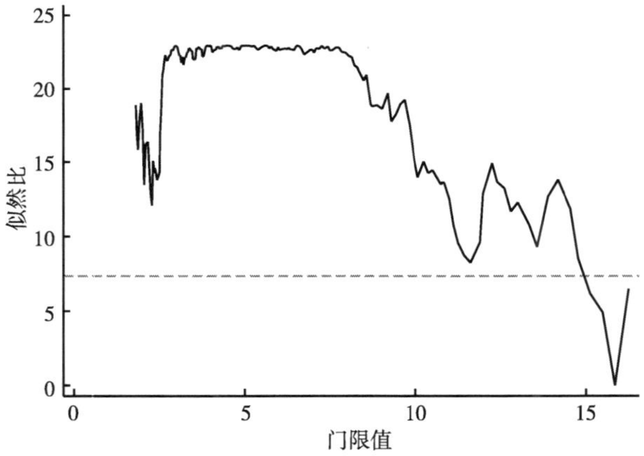

图6-6　门限值检验

资料来源：本图来源于CFPS数据。

第三，实证结果分析。将trim设定为0.06时，门限值由原来的15.7315变为15.8439，门限效应检验、门限值检验均能通过。回归结果（见表6.11）显示，房价上涨与消费之间仍然存在非线性关系，当家庭购房压力系数小于15.8439时，房价上涨率的回归系数为0.5790（原来为0.5797），当家庭购房压力系数大于15.8439时，房价上涨率的回归系数为-0.6780（原来为-0.6770）。其他变量的回归结果均与表6.5是一致的，仍然支持相应的研究结论。

表 6.11　面板门限回归结果（因变量：家庭人均非耐用品消费的增长率）

解释变量	(1)	(2)
房价上涨率（家庭购房压力系数≤15.8439）	0.5790 *** (0.1776)	0.8012 *** (0.1627)
房价上涨率（家庭购房压力系数 > 15.8439）	-0.6780 ** (0.3092)	-0.3609 (0.2963)
家庭人均纯收入增长率	0.3283 *** (0.0271)	0.3322 *** (0.0273)
Ln 各地区住房套均价值	-0.3918 *** (0.0763)	-0.5519 *** (0.0569)
各地区人均 GDP 变动率	0.3121 *** (0.1030)	—
户主年龄虚拟变量	0.1033 *** (0.0368)	0.1080 *** (0.0369)
家庭规模	-0.1339 *** (0.0203)	-0.1316 *** (0.0204)
常数	5.4446 *** (1.1062)	7.9145 *** (0.7736)
观测值个数	3280	3280
整体显著性检验	F(7, 819) = 61.65	F(6, 819) = 71.92

注：“(1)”是模型 (6.12) 的估计结果，“(2)”是去掉“各地区人均 GDP 增长率”之后的估计结果。

由上述稳健性检验可知，尽管 trim 的设定有所不同，但门限值的变化都是微弱的，模型的估计结果也与表 6.5 是一致的。

6.4.2　根据户主户籍的城镇属性确定城镇样本

中国家庭追踪调查（CFPS）并没有事先划分城乡样本，采用的是城乡一体的抽样框，这就导致城乡数据的划分没有统一的标准。不过，CFPS 提供了界定城乡的参考方案。第一，按居住地的城乡属性界定。在前面的分析中，城镇家庭就是按此种划分标准确定的。第二，按户籍的城乡属性界定。CFPS 在个人问卷中提及了受访者的户口性质，分为农业户口、非农户口、没有户口和不适用四类。考虑到家庭层面没有相关的问项，本书根据户主的户口性质确定家庭的城乡属性，如果户主是非农业户口则认为该家庭是城镇家庭。在 CFPS 的 5 轮调查中户主是非农业户口的家庭包含的观测值总共为 6809 个，第 1 期至第 5 期的家庭个数分别为 1205 个、1332 个、1401 个、1445 个和 1426 个。在实证研究中笔者排除了中途退出调查的家庭、变量存在缺失值的家庭，最终只保留了 596 个家庭。

此时，主要变量的描述性分析如表 6.12 所示。

表 6.12　按户主户籍的城镇属性确定城镇样本后主要变量的描述性分析

变量	观测值	均值	标准差	最小值	最大值
家庭人均非耐用品消费（万元）	2384	1.7424	1.2937	0.1082	21.7106
家庭人均纯收入（万元）	2384	2.3073	1.5015	0.1067	8.1725
各地区住房套均价值（万元）	2384	82.1927	60.8092	32.0836	358.4135
各地区房价上涨率	2384	0.1660	0.0801	-0.0443	0.4252
各地区人均 GDP 变动率	2384	1.1949	0.1528	0.8190	1.5638
家庭购房压力系数	2384	8.8065	12.1904	0.6246	243.0962
家庭规模	2384	3.3377	1.3148	1	12
户主年龄	2384	50.8665	12.3875	18	87

注：CFPS 是两年一期的跟踪调查数据。表中“各地区房价变动率”和“各地区人均 GDP 增长率”均是以上一期（而不是上一年）为基期。

（1）门限效应检验。

本书运用 Stata15.0 统计软件，将修整比例 trim 设定为 2%，通过反复抽样 300 次得出检验统计量所对应的 p 值，以此判断模型（6.12）中是否存在门限效应，其检验结果如表 6.13 所示。

表 6.13　门限效应检验结果

门限个数	F 值	p 值	10% 临界值水平	5% 临界值水平	1% 临界值水平
单一门限	17.46	0.0067 ***	11.2658	13.6130	16.3532
双重门限	7.61	0.3267	10.8629	12.0687	16.0896
三重门限	2.57	0.9433	10.9401	13.0060	17.0329

表 6.13 列出了家庭购房压力系数作为门限变量时，模型（6.12）所对应门限效应检验的 F 值和 p 值。检验结果显示，单一门限效应检验对应的 p 值为 0.0067，即在 1% 的显著性水平下显著，双重门限效应和三重门限效应的检验均未通过（所对应的 p 值分别为 0.3267 和 0.9433，均超过了 10% 的临界水平）。因此，最终确定模型中存在单一门限，对应的门限值为 15.8952，其 95% 的置信区间分别为（15.0776，16.2571）。

（2）门限值检验。

图 6.7 为门限值检验所对应的似然比函数图，可以看出门限值所对应的似然比统计量小于临界值，即门限值检验是接受原假设的，上述门限值（15.8952）是有效的。

（3）实证结果分析。

由表 6.14 得知，尽管样本观测值明显减少（由原来的 3280 个减少至 2384 个），但门限值的变化是微弱的（由原来的 15.7315 变为现在的 15.8952），门限效应检验和门限值检验也均能通过。更重要的是，房价上涨对消费的影响存在非对称性这一结论仍然成立，当家庭购房压力系数小于 15.8952 时，房价上涨率的回归系数为 0.4928，当家庭购房压力系数超过 15.8952 时，

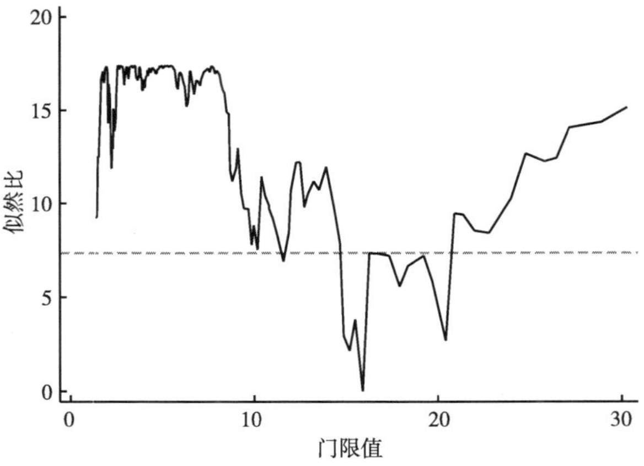

图 6.7　门限值检验

资料来源：本图来源于 CFPS 数据。

房价上涨率的回归系数为 -0.6833。此外，各地区住房套均价值和家庭消费增长率之间是负相关关系，表明了房价对消费的影响存在地区异质性。各地区人均 GDP 变动率的回归结果证实了在研究我国房价和消费之间的关系时共同因素是非常重要的，忽略该变量，会扭曲我国房价与消费之间的关系，即：如果遗漏地区人均 GDP 增长率，会严重高估房价上涨率对消费增长率的促进作用。总之，尽管参与回归的观测值有所不同，但得到的结论仍然与表 6.5 一致，由此可以认为，模型的估计结果是稳健的。

表 6.14　稳健性检验（因变量：家庭人均非耐用品消费的增长率）

解释变量	(1)	(2)
房价上涨率（家庭购房压力系数≤15.8952）	0.4928** (0.2094)	0.6968*** (0.1979)
房价上涨率（家庭购房压力系数 >15.8952）	-0.6833** (0.3414)	-0.3741 (0.3208)
家庭人均纯收入增长率	0.3575*** (0.0341)	0.3610*** (0.0342)

续表

解释变量	(1)	(2)
Ln 各地区住房套均价值	-0.4228*** (0.0835)	-0.5769*** (0.0626)
各地区人均 GDP 变动率	0.3019*** (0.1127)	—
户主年龄虚拟变量	0.0652 (0.0462)	0.0670 (0.0463)
家庭规模	-0.1148*** (0.0242)	-0.1120*** (0.0244)
常数	5.8178*** (1.2148)	8.2003*** (0.8564)
观测值个数	2384	2384
整体显著性检验	F(7595) = 44.40	F(6595) = 52.03

注："（1）"是模型（6.12）的估计结果，"（2）"是去掉"各地区人均 GDP 增长率"之后的估计结果。

6.5 面板固定效应模型的回归分析

面板门限模型虽然在研究变量之间的非线性关系方面卓有成效，但目前 Stata 的面板门限回归程序（Wang，2015）[195]只适用于平衡面板数据（所有参与回归的变量均不存在缺失值），针对存在缺失值的平衡面板数据的程序暂未公开。在微观数据中存在缺失值的平衡面板数据更为常见，剔除那些有关变量存在缺失值的家庭之后，在构建平衡面板数据会产生一定的样本损失。为此，本节将利用面板固定效应模型对房价与家庭消费之间的关系进行实证研究。

（1）模型的设定。

结合上述面板门限回归的结果可知，当家庭购房压力系数超过门限值时，房价上涨率和消费增长率之间是负相关关系，当家庭购房压力系数小于门限值时，二者之间为正相关关系，有鉴于此，本书在采用面板固定效应模型进行回归分析时，构建了以下模型：

$$\Delta \ln C_{it} = \alpha_0 + \alpha_1 \Delta \ln hp_{jt} + \alpha_2 jcx_{it} + \alpha_3 \ln M_{jt} + \alpha_4 \Delta \ln Y_{it} + \alpha_5 rgdp_{jt} + \gamma z_{it} + \nu_i + \mu_{it} \quad (6.13)$$

式中，i、j 和 t 分别代表家庭、省（直辖市、自治区）和年份。前文详细介绍了除jcx_{it}之外的其他变量的含义，因而，此处仅对jcx_{it}作详细的介绍。本节首先根据家庭购房压力系数是否超过了门限值（15.7315）生成了一个虚拟变量 $dummy\_rp_{it}$（购房压力虚拟变量），当rp_{it}（家庭购房压力系数）大于 15.7315 时，取值为 1，否则取值为 0。然后生成了房价上涨率与购房压力虚拟变量的交乘项（以下简称为交乘项），即$jcx_{it} = \Delta \ln hp_{jt} * dummy_rp_{it}$。经测算，交乘项与房价上涨率的相关系数为 0.1829，因而二者可以同时放入回归模型中。

控制变量主要包括家庭规模和户主的相关特征变量（如年龄、婚姻状况、性别和受教育程度等）。绝大多数家庭户主的婚姻状况、性别、受教育程度等在样本期内没有改变，它们已经体现在个体固定效应中。因此，在利用面板固定效应模型进行实证分析时，笔者仅保留了“家庭规模”和“户主年龄”。其中，户主年龄用虚拟变量表示，户主年龄大于等于 30 岁并小于 45 岁取值为 1，否则取值为 0。

（2）变量的描述性分析。

本书采用的是对数差分模型，所以实际参与回归的只有 4 期数据，本节仅对 2012—2018 年数据下的相关变量进行描述性统计（见表 6.15）。

表 6.15　　变量的描述性统计（2012—2018 年）

变量	观测值	均值	标准差	最小值	最大值
家庭人均非耐用品消费（万元）	7004	1.5074	1.3049	0.0454	21.7106
家庭人均纯收入（万元）	7004	2.0157	1.5180	0.0941	8.1870
各地区住房套均价值（万元）	7004	79.4088	56.1154	32.0836	358.4135
各地区房价上涨率	6968	0.1643	0.0802	-0.0443	0.4252
各地区人均 GDP 变动率	7004	1.2030	0.1443	0.8190	1.5784
交乘项	6968	0.0251	0.0690	-0.0288	0.4252
家庭规模	7004	3.7369	1.6257	1	17
户主年龄	6893	49.0215	12.0854	18	86

注：CFPS 是两年一期的跟踪调查数据。表 6.15 中“各地区房价变动率”和“各地区人均 GDP 增长率”均是以上一期（而不是上一年）为基期。

（3）实证结果分析。

Hausman 检验的一个重要功能是检验解释变量和个体效应是否存在相关性，即检验固定效应模型和随机效应模型的适用性，原假设是二者之间并不存在相关性。无论原假设能否成立，固定效应模型的最小二乘估计量都是一致估计。当原假设成立时，采用随机效应模型将更加有效。当原假设不成立时，表明个体效应和解释变量是相关的，此时应该采用固定效应模型。本书首先对模型进行了 Hausman 检验，结果表明 $\chi^2(7)$ 等于 131.44，p 值为 0.0000，强烈地拒绝了原假设，由此本节利用固定效应模型进行了回归分析，而非随机效应模型。

对回归结果的分析：

（1）表 6.16 第 1 栏的回归结果显示，房价上涨率的回归系数为 0.6982，交乘项的回归系数为 -1.0302。这表明了房价上涨率与家庭消费增长率之间的关系因家庭购房压力系数处于不同的区间而存在差异。保持其他因素不变，当家庭的购房压力系数超过门限值（15.7315）时，房价上涨率和消费增长率之间为显著的负相关关系，此时，房价上涨率每提高1%家庭消费增长率平均下降0.6777%；当家庭购房压力系数小于等于门限（15.7315）时，房价上涨率和消费增长率之间为显著的正相关关系。这一点与前文面板门限回归的结果是一致的。

（2）表6.16第1栏和第2栏的回归结果表明，与面板门限回归的结果（见表6.5）相比，家庭人均纯收入增长率、各地区住房套均价值、各地区人均GDP变动率、户主年龄虚拟变量和家庭规模的回归结果均没有明显的变化。其中，各地区住房套均价值的回归结果证实了我国房价对消费的影响存在地区异质性；各地区人均GDP变动率的回归结果表明了在研究我国房价和消费之间的关系时共同因素的重要性，它的遗漏会使房价上涨带来的住房财富效应被高估。这些均和前文的分析是一致的。

（3）需要注意的是，我国城镇住房制度的改革始于1998年，而房价自2009年开始快速上涨。因而，本书分别排除了1998年和2009年之前购房的家庭后重新估计了模型（6.13），估计结果如表6.16中的第3栏和第4栏所示。可以看出，与第1栏相比，回归结果并没有发生明显的变化。

表6.16 面板固定效应模型下的回归结果

解释变量	（1）	（2）	（3）	（4）
房价上涨率	0.6982*** （0.1493）	1.0375*** （0.1345）	0.6866*** （0.1679）	0.6414*** （0.2322）
交乘项	-1.0302*** （0.2407）	-0.9156*** （0.2422）	-0.8418*** （0.2894）	-0.7209* （0.3960）
家庭人均纯收入增长率	0.3099*** （0.0193）	0.3128*** （0.0194）	0.3151*** （0.0223）	0.3030*** （0.0300）
Ln各地区住房套均价值	-0.4328*** （0.0672）	-0.6647*** （0.0513）	-0.4846*** （0.0782）	-0.5330*** （0.1085）

续表

解释变量	(1)	(2)	(3)	(4)
各地区人均 GDP 变动率	0.4765 *** (0.0902)	—	0.4263 *** (0.1030)	0.4723 *** (0.1484)
户主年龄虚拟变量	0.0749 ** (0.0317)	0.0794 ** (0.0319)	0.0614 * (0.0363)	0.1072 ** (0.0502)
家庭规模	-0.1394 *** (0.0155)	-0.1367 *** (0.0156)	-0.1404 *** (0.0177)	-0.1366 *** (0.0217)
常数	5.7862 *** (0.9672)	9.3981 *** (0.6905)	6.5322 *** (1.1236)	7.1138 *** (1.5657)
观测值个数	6358	6358	4919	2862
整体显著性检验	F(72274) = 107.35	F(62274) = 121.81	F(71781) = 81.37	F(71096) = 45.97

注："（1）"是模型（6.13）的估计结果，"（2）"是去掉"各地区人均 GDP 增长率"之后的估计结果，"（3）"是只保留 1997 年后购房的家庭后回归的结果，"（4）"是只保留 2008 年后购房的家庭后回归的结果。

总之，与面板门限回归相比，面板固定效应回归下的样本观测值大幅增加，所得到的估计结果并没有大的变化，研究结论也仍然成立。

6.6　本章小结

居民收入不平衡和区域发展不平衡对房价与消费的关系存在重要影响。由于居民收入差距悬殊，房价上涨加重了低收入群体的住房负担。区域经济发展的不平衡使得我国地区间的房价水平差异巨大，各地区的经济增长速度也不尽相同。在地区房价差异的背景下，多数家庭的收入增长率低于房价上涨率，导致了高房价地区的家庭购房压力系数普遍高于其他地区。各地区的经济增长速度是一个既影响房价又影响消费的共同因素，在研究房价和消费之间的关系时，它是不容忽视的。本章基于 2010—2018 年的中国家庭追踪调查（CFPS）数据，利用面板门限回归模型和面板固定效应模型实证研究了房价和消费之间的关系。本章的主要内容如下所示：

第 1 节首先介绍了单一门限下的面板门限模型、门限效应检验和门限值检验，然后基于生命周期—持久收入假说和 2010—2018 年的中国家庭追踪调查（CFPS）数据构建了面板门限回归模型，用于研究房价对消费影响的非对称性。

第 2 节是变量的说明和描述性分析。其中家庭购房压力系数是门限变量，它由家庭所在地区现住房市值的中位数除以家庭收入计算得出。

第 3 节利用面板门限模型对房价和消费之间的关系进行了实证分析，该节是本章的核心部分。与以往文献不同，本书在构建家庭购房压力系数时考虑了居民收入不平衡的影响。在通过门限值、门限效应检验后，回归结果显示：（1）房价上涨对家庭消费的影响存在非对称性。当家庭购房压力系数小于等于门限值（15.7315）时，二者之间为正相关关系；家庭购房压力系数超过门限值（15.7315）时，二者之间为负相关关系。在居民收入不平衡的背景下，在收入水平不同的人群之间，住房支付能力存在明显的差异，不同收入阶层的住房拥有率、户均住房资产和多套房拥有率均大有不同，最终导致了房价上涨对不同群体消费影响的差异。（2）地区房价水平的差异使得房价对消费的影响存在地区异质性。地区房价水平越高的地区，家庭购房压力系数的平均水平也越高，房价上涨对家庭消费具有显著的挤出效应。（3）地区经济增长率是共同因素，在研究房价和消费之间的关系时遗漏它会导致内生性问题。

第 4 节是对第 3 节中面板门限回归结果的稳健性检验。该节围绕内部有效性和外部有效性展开了稳健性检验。第一，调节面板门限回归中 trim 的值。借鉴 Khalifa et al.（2013）[26] 的做法，本节分别将 trim 设定为 0.01、0.05 和 0.06 后重新进行了面板门限回归，与第 3 节的回归结果相比，门限值的变化是微弱的，门限值、门限效应检验也均能通过，参数估计结果也没有发生明显的变化。第二，根据户主户籍的城镇属性确定城镇样本。中国家庭追踪调查（CFPS）采用的是城乡一体化的抽样框，因而城乡的划分标准并不统一。前面章节的分析中，城镇家庭均是根据居住地的城乡属性来界定的。本节根据户主户籍的城镇属性来重新界定了城镇家庭，如果户主是非农业户口，则认为该家庭是城镇家庭。重新确定城镇样本后，样本观测值有所减少，利用面板门限回归得到的估计结果显示，门限值、门限效应检验均能通过，门限值由原来的 15.7315 变为 15.8952，变化是微弱的，解释变量的回归结果并未发生明显的变化。

第 5 节采用面板固定效应模型分析了房价对消费影响的非对称性。面板门限回归要求数据是完全均衡的，为了避免样本损失，本节结合第 3 节的回归结果构建了购房压力系数是否超过门限值的虚拟变量，然后将其与房价上涨率相乘得到的交乘项作为核心解释变量，利用面板固定效应模型估计了房价与消费之间的关系。估计结果仍然与面板门限回归下是一致的，即使排除了 1998 年和 2009 年之前购房的样本后也仍是如此。

第7章　结论、建议与展望

7.1　主要结论

本书基于居民收入不平衡和地区间房价差异的视角，主要利用5期CFPS数据，通过理论分析和实证检验，首先在证实住房地位性属性的基础上研究了居民收入不平衡通过社会地位关注对家庭住房需求的刺激作用，然后对房价与消费关系的异质性展开了系统的研究。在上述研究中，笔者得出如下结论：

第一，住房是地位性商品，滞后一期的相对住房面积（自家住房面积与参照组其他家庭平均住房面积之比）、家庭的现住房市值均对个人的主观社会地位评价具有显著的正向影响。同时，地区（县区）经济发展水平越高，个人自评属于高地位人群的概率就越大。无论参照组是各省（直辖市、自治区）的家庭还是各县区的家庭，上述结论都成立。

第二，追求社会地位是家庭住房需求的重要驱动因素之一。上一期收入差距与本期家庭住房需求之间为显著的正相关关系。随着上期收入差距的拉大，高收入家庭率先购买了更大、居住条件更优越的住房用于表征自身的社会地位，中低收入家庭为了防止自身社会地位的下降也会扩大住房需求。此外，房价越高的地区家庭购房意愿越弱；无房户或现居住条件更差的家庭，购房意愿相对更强；预期房价上涨率和家庭住房需求之间为显著的正相关关系。利用中国家庭追踪调查（CFPS）数据、中国家庭金融调查（CHFS）数据采用不同的方法构建家庭住房需求虚拟变量后所得的估计结果均支持以上结论。

第三，受居民收入不平衡和地区间房价差异的影响，不同收入阶层和不同地区的住房拥有率、住房资产价值、多套房拥有比例都存在显著的差异。与高收入阶层相比，低收入阶层的住房拥有率、住房资产价值、多套房拥有比率都相对较低；与高房价地区相比，低房价地区的住房拥有率和住房资产价值相对较低。

第四，受居民收入不平衡的影响，房价和消费之间的关系存在家庭异质性。房价上涨率对家庭消费增长率的影响存在非对称性：当家庭购房压力系数小于等于门限值（15.7315）时，房价上涨能够带来财富效应；当家庭购房压力系数超过门限值（15.7315）时，房价上涨对家庭消费具有挤出效应。

第五，受地区间房价水平差异的影响，房价和消费之间的关系存在地区异质性。不同地区家庭购房压力系数的平均水平存在明显的差异，平均而言，房价越高的地区，家庭购房压力系数相对越大，因此，各地区住房套均价值和消费增长率之间是显著的负相关关系。

第六，各地区经济增长速度是影响房价与消费的共同因素，它的遗漏会导致房价上涨率与误差项相关，产生内生性问题，使房价上涨带来的住房财富效应被严重高估。

第七，2011—2017 年的中国家庭追踪调查（CFPS）数据显示，家庭购房压力系数超过门限值（15.7315）的户数呈逐年上升的趋势。这可能是收入差距的拉大和房价上涨率快于收入增长率这两个方面所致。

7.2　政策建议

7.2.1　积极推进收入分配制度改革

在一个地区内部，购房压力系数和家庭收入水平是紧密相关的，收入水平越低，家庭购房压力系数就越大。居民收入不平衡的存在使得房价对家庭消费的影响存在非对称性，对购房压力系数超过门限值的家庭而言，房价上涨抑制了其消费的增长。因此，积极推进收入分配制度改革对于缓解居民收入不平衡，减轻低收入群体的购房压力，减弱房价上涨对低收入群体消费的抑制作用，全面促进消费等具有十分重要的现实意义。

此外，在房价上涨的背景下，不同收入群体的住房拥有率、住房市值、多套房拥有比例均有所不同，住房财富的差距随之拉大，财富差距的拉大又反过来影响居民收入差距。因此，要缩小收入差距就不能忽视对住房财富差距的调节。

（1）着手于初次分配。

初次分配是收入差距产生的源头，市场体系（如劳动力市场、生产要素市场等）的不完善和工会制度的不成熟对初次分配中的收入差距有一定的影响。劳动力市场的不完善导致了就业歧视和分配薪酬中的“同工不同酬”现象，这些都在一定程度上拉大了居民之间的收入差距。生产要素市场不完善时，行业垄断和市场扭曲等现象难以避免，居民收入差距也因此而受到影响。一线劳动者工资收入的正常增长，以及企业高层工资的合理、合法和适度透明性均与工会制度的成熟紧密相关。因而，进一步完善市场体系、改革工会制度有助于在缩小初次分配中的居民收入差距。此外，在初次分配中重点关注低收入群体的收入，通过给予就业支持、健全工资合理增长的机制提高低收入群体的劳动报酬也有助于缓解初次分配中的居民收入差距。

（2）增加中低收入群体的财产性收入。

通过多渠道增加中低收入群体的财产性收入。首先，稳定提高中低收入群体的工资性收入和个体经营性收入有助于提高其财产性收入。中低收入群体的财富积累水平有限，随着这两种收入的提高，中低收入家庭在消费之后仍有一定的积蓄，他们获得了更多的财产性收入。其次，加大对中低收入群体理财和投资知识的培训及宣传。由于中低收入阶层的财富更加匮乏，他们的理财和投资知识通常不足，投资理念也相对更弱。针对中低收入群体，为其设定专门的金融知识、家庭理财与投资的学习资料，加大宣传和培训力度，强化其理财和投资的理念。

（3）完善再分配机制。

加大税收、转移支付等再分配的调节力度和精准性，改善中低收入家庭的收入和财富分配格局。通过调整税收的结构来完善再分配机制，提高税收免征额，将家庭的住房负担情况（如是否面临较大的还贷压力和居住成本）与税收挂钩，降低住房压力较大群体的税收负担。此外，提高直接税的比重，发挥税收平抑收入差距的作用。可以根据家庭收入、家庭规模、其拥有的住房套数和住房面积确定应税住房，通过房产税调节居民住房财富之间的差距。最后，增加转移支付的种类。在增加对中低收入家庭转移支付力度的同时，可以考虑给予住房负担较重的群体福利，减轻他们所面临的住房压力。

7.2.2 促进房地产市场的平稳发展，减小中低收入家庭的居住成本

首先，要促进房地产市场的平稳发展，防止房价的大幅波动。住房作为我国城镇家庭的主要资产，房价的变动与家庭消费的增减是紧密相关的，促进房地产市场的平稳发展，防止房价的

大起大落对居民消费的稳定增长具有重要的现实意义。其次，要通过落实住房保障政策改善低收入家庭的居住环境。低收入家庭的居住环境相对较差，同时他们面临的购房压力巨大，高企的房价已经远远超过了其住房消费的承受能力，这就需要政府一方面通过住房改造改善中低收入群体的居住环境，另一方面给予低收入群体租房或购房的政策支持，帮助他们解决房租贵、购房难的问题。具体来看：

（1）实施限购限售和差别化的信贷政策，在保障刚需的同时遏制炒房行为。

制定限购限售措施，实施差别化的信贷政策，在保障刚性住房需求的同时坚决遏制炒房行为。在限购方面，可以根据居民的“是否为当地户籍”，结合居民的社保缴纳情况，制定差别化的限购套数，让炒房客“望房止步”。在限售方面，可以通过规定限售年限和发挥税收在住房交易中的调控作用来实施。对新购住房，满足规定年限后才可以出售，限售的实施可以有效地减小投机性的购房需求。此外，也可通过设定住房转让增值税的免征年限来促进房地产市场的平稳发展。适当地提高住房转让增值税的免征年限既能够有效地打击炒房行为，也能保证居民正常的住房交易。实施差别化的信贷政策，对无房无贷的首次购房家庭给予贷款首付款比例优惠，保障居民的刚性住房需求；开发适合中低收入群体的住房信贷工具，满足其住房抵押贷款融资的需求。

（2）持续推进棚户区的改造，改善低收入群体的居住环境。

持续推进棚户区改造，加大配套基础设施的建设，切实改善低收入群体的居住环境。现居住条件差的家庭，其购房的意愿相对更强，同时他们面临的购房难度也更大。如果现居住条件得到改善，那么多数低收入家庭大可不必再花费巨额资金购买住房，弱化了房价对消费的抑制作用。因而，政府有必要持续推进棚户区改造、新建棚户区安置房，加大对周围教育、医疗等配套设施的建设，切实改善低收入群体的居住环境。

（3）大力培育和发展保障性住房，降低低收入家庭的居住成本。

第一，优化公租房、廉租房的运营管理。健全公租房和廉租房的“入”（主要包括申请、轮候及准入）和“出”的工作机制，提高两类保障性住房的管理服务水平。简化公租房和廉租房的申请与轮候流程，可以结合申请人的实际情况（如年龄、申请时间）预估出等待时间。公租房应针对不同收入的阶层实行差别化的准入门槛和差别化的保障方式，对有住房困难的低收入群体、外来务工人员和新就业大中院校毕业生以实物配租为主，对中等偏低收入阶层以租赁补贴为主，并根据其实际收入水平进行分档补贴。建立住房保障领域的信用体系，惩戒那些在公租房或廉租房申请、使用和退出环节存在失信行为的个体，让公租房和廉租房真正地为需要的人提供保障。

第二，大力发展和培育住房租赁市场。学者们普遍认为，自我调节和住房租赁监管机制的缺失、租购不同权、消费者“重购轻租”的观念制约着我国住房租赁市场的发展（郭金金，2020）[202]。因而，健全租赁市场的长效机制，建立住房租赁领域的信用体系，整顿住房租赁市场的秩序，保障租赁双方的合法权益，培育与发展专业租赁机构对我国住房租赁市场的发展举足轻重。此外，各地区探索租购同权的实施细则，使长租者在公共服务（教育、医疗、社区服务等）方面享有与购房者对等的权益，将有助于促进住房租赁市场的发展。最后，通过广泛的宣传、租赁补贴等措施引导消费者转变“重购轻租”的住房消费观念，鼓励家庭将闲置房源交给专业化的住房租赁企业运营，能够为促进住房租赁市场的奠定基础。

7.2.3 推动区域的协调发展

区域发展不平衡不充分的表现是经济增长速度、房价水平等方面的差距，但其本质是基本公共服务水平、基础设施通达程度等方面的不协调和不充分。

教育、医疗等基本公共服务水平的地区差异导致了住房市场存在区域分化的现象，房价在不同的城市之间也存在明显的差异。推进基本公共服务的区域均等化，有助于从根源上减轻房价的地区差异。各地区在国家制定的最低标准的基础上，结合自身的经济发展水平，综合考虑收入水平和消费价格指数，制定统一的公共服务标准，实现货币标准和实物标准的一致，不断地完善基本公共服务标准体系；通过加大转移支付的力度、提高税收的返还比例、提高地方政府的财政预算统筹能力等措施，缓解经济落后地区的财政压力，促进区域间基本公共服务水平的均等化。

我国各地区的基础设施通达程度存在明显的差异，房价水平也因此而存在差异。各地区可以结合自身的实际情况（地理位置、自然条件、资源等）构建功能强的综合交通走廊，加强对主要运输通道、客（货）运枢纽、航空口岸、航空枢纽和旅游交通设施的建设，重视高速铁路与普通铁路的协同发展。

7.3 研究展望

虽然居民收入不平衡、房价与消费之间的关系都是我国的经济热点问题，也有许多研究分别涉足了上述领域，但现有的研究均没有将它们综合起来展开研究。本书首先在考虑地区房价水平的基础上分析了住房的地位性属性，然后基于居民收入不平衡的视角对家庭住房需求的影响因素、房价与消费之间的关系展开了研究。通过实证研究明确了住房的地位性属性，并分析了在居民收入不平衡下住房攀比对家庭住房需求产生的刺激作用，在此基础上通过严谨的实证分析明确了房价上涨对家庭消费影响的非对称性，并定量测度出了房价对消费影响的大小。基于本书的研究结果，后续还可以展开以下研究：

第一，本书采用的 CFPS 数据和 CHFS 数据中并没有他人对个体社会地位的评价，虽然个人的主观社会地位评价在一定程度上可以反映客观社会地位，也更能反映个体的阶层归属感。但如果后续的调查数据中有他人对个体社会地位评价的指标，将能够更严谨地研究相关商品的地位性特征。

第二，由于农村暂不存在房地产交易市场，本书所有的实证分析都是基于城镇家庭展开的，而事实上农村也存在住房攀比的现象。有研究显示，农村家庭“建房热”的现象由来已久（Sargeson，2002）[203]，农户总是希望自身的住房面积更大（田淑敏等，2009）[204]。因而，后续可以围绕农村家庭的住房攀比展开相关研究。

第三，虽然我国的区域发展存在不平衡，各地区的经济发展水平和经济增长速度均存在一定的差异，但同时，各地区之间又存在相关性，因而，房价对消费的影响可能存在空间效应。基于空间计量经济学的方法对区域不平衡下房价与消费之间的关系进行深入研究，能够更加准确地分析区域发展不平衡对房价与消费之间关系的影响。

第四，住房财富差距和居民收入差距之间存在双向影响，收入差距导致居民的住房支付能力存在差异，在房价上涨的背景下，住房财富差距因此而扩大，而住房财富效应（如财产性收入）的不同反过来又会加剧居民收入不平衡。房产是我国城镇家庭财产的重要组成部分，这与甘犁等（2013）[205]的分析结果是一致的。住房财富的不平等必然会影响家庭财富的不平等，细致地研究住房不平等的影响因素、住房不平等与居民收入差距之间的关系有助于为缓解居民收入差距和财富差距提供有效的政策建议。

附录 1：2007—2018 年各地区房价指数与各地区预期房价指数

在这里，笔者给出了利用 Eviews6 基于 Holt - Winter 无季节平滑指数法得出的各地区的预期房价指数，并将其与各地区房价指数分别做了对比。各地区房价指数是指各地区当年住宅平均销售价格与上一年该价格之比，用 RZHUZHAI 表示；各地预期房价指数是测算得出的，用 RZHUZHAISM 代表。

（1）北京市。

2007—2018 年北京市的房价指数和预期房价指数如下表及下图所示。

年份	RZHUZHAI	RZHUZHSM
2007	1. 445512	1. 445512
2008	1. 09258	1. 384354167
2009	1. 135302	1. 116035946
2010	1. 29696	1. 068557059
2011	0. 904781	1. 169565885
2012	1. 066734	0. 920410121
2013	1. 078565	0. 963142608
2014	1. 036126	0. 983934961
2015	1. 205471	0. 959832896
2016	1. 277534	1. 073078731
2017	1. 19755	1. 15708465
2018	1. 096814	1. 124657316

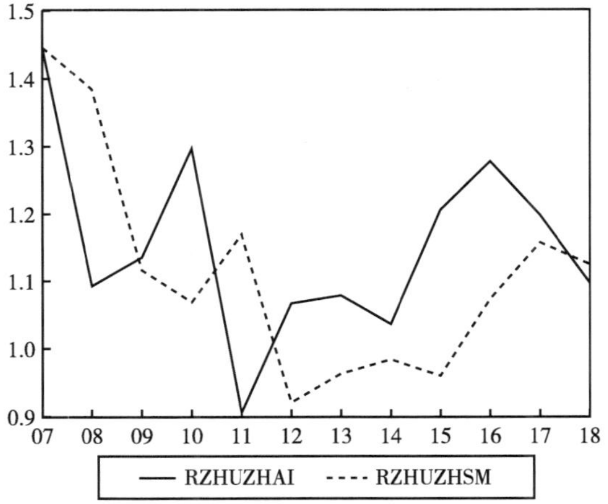

（2）安徽省。

2007—2018 年安徽省的房价指数和预期房价指数如下表及下图所示。

年份	RZHUZHAI	RZHUZHSM
2007	1. 163509	1. 163509
2008	1. 120958	1. 146672
2009	1. 152066	1. 110292
2010	1. 205255	1. 125203
2011	1. 121117	1. 169206
2012	1. 028341	1. 11582
2013	1. 062485	1. 032497
2014	1. 050461	1. 038451
2015	1. 009966	1. 030741
2016	1. 112493	0. 998114
2017	1. 0887	1. 068207
2018	1. 130357	1. 066945

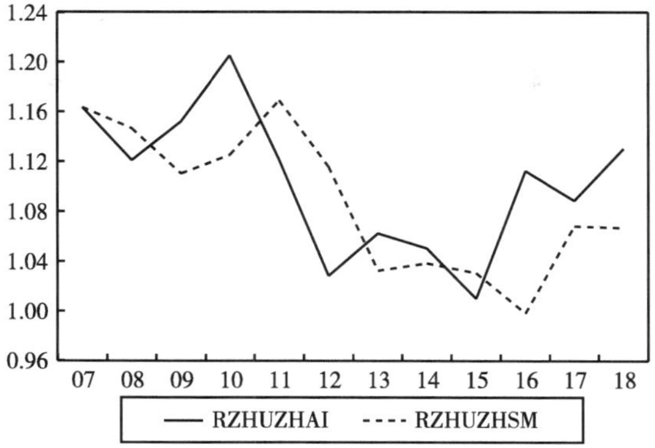

（3）福建省。

2007—2018 年福建省的房价指数和预期房价指数如下表及下图所示。

年份	RZHUZHAI	RZHUZHSM
2007	1. 224362	1. 224362
2008	1. 004915	1. 19199
2009	1. 192975	1. 114737
2010	1. 132501	1. 078695
2011	1. 226255	1. 046176
2012	1. 122647	1. 050406
2013	1. 030132	1. 050366
2014	1. 026108	1. 036805
2015	0. 968563	1. 023106
2016	1. 07122	0. 997604
2017	1. 01188	0. 996306
2018	1. 143149	0. 989914

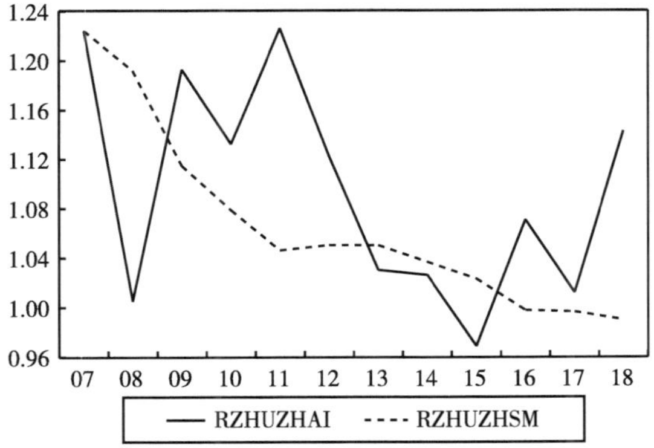

（4）甘肃省。

2007—2018年甘肃省的房价指数和预期房价指数如下表及下图所示。

年份	RZHUZHAI	RZHUZHSM
2007	1.260082	1.260082
2008	0.8625349	1.23193633
2009	1.294435	1.20379067
2010	1.22621	1.175645
2011	1.065365	1.14749933
2012	1.078604	1.11935367
2013	1.091208	1.091208
2014	1.149294	1.06306233
2015	1.089513	1.03491667
2016	1.044223	1.006771
2017	1.105667	0.97862533
2018	1.011453	0.95047967

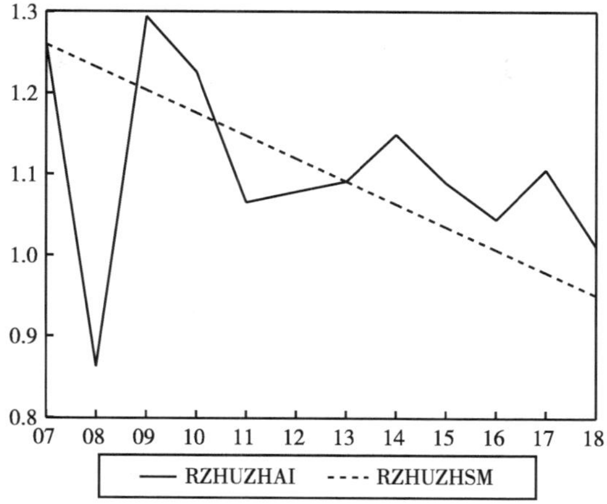

（5）广东省。

2007—2018 年广东省的房价指数和预期房价指数如下表及下图所示。

年份	RZHUZHAI	RZHUZHSM
2007	1. 238312	1. 238312
2008	1. 007216	1. 215940667
2009	1. 111305	1. 066458777
2010	1. 101258	1. 031947829
2011	1. 079504	1. 020811339
2012	1. 014158	1. 016309017
2013	1. 104084	0. 98584701
2014	1. 007087	1. 028293147
2015	1. 113652	1. 008167851
2016	1. 151764	1. 061187161
2017	1. 043892	1. 125065333
2018	1. 131307	1. 10146956

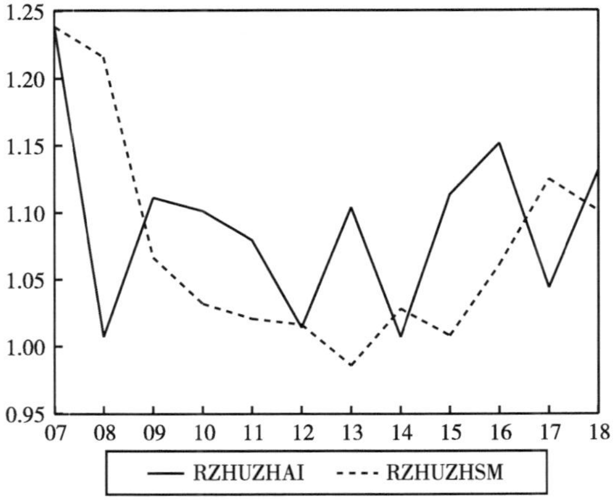

（6）广西壮族自治区。

2007—2018 年广西壮族自治区的房价指数和预期房价指数如下表及下图所示。

年份	RZHUZHAI	RZHUZHSM
2007	1. 209168	1. 209168
2008	1. 10394	1. 187486
2009	1. 189446	1. 11734774
2010	1. 079477	1. 11325424
2011	1. 050845	1. 06866179
2012	1. 100134	1. 02353101
2013	1. 079076	1. 02799641
2014	1. 052856	1. 03987303
2015	1. 032643	1. 04446676
2016	1. 099193	1. 03843774
2017	1. 115232	1. 07107533
2018	1. 059755	1. 11170469

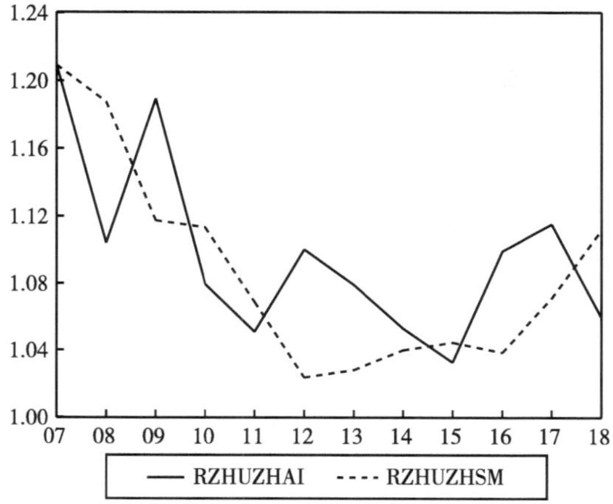

（7）贵州省。

2007—2018 年贵州省的房价指数和预期房价指数如下表及下图所示。

年份	RZHUZHAI	RZHUZHSM
2007	1. 199452	1. 199452
2008	1. 117218	1. 16799783
2009	1. 245052	1. 06646902
2010	1. 189251	1. 26215919
2011	1. 110665	1. 17865527
2012	1. 05893	1. 07423501
2013	1. 010727	1. 01668456
2014	0. 9890227	0. 96621787
2015	0. 9824039	0. 95317872
2016	1. 020667	0. 95766461
2017	1. 12446	1. 01986673
2018	1. 231453	1. 16340203

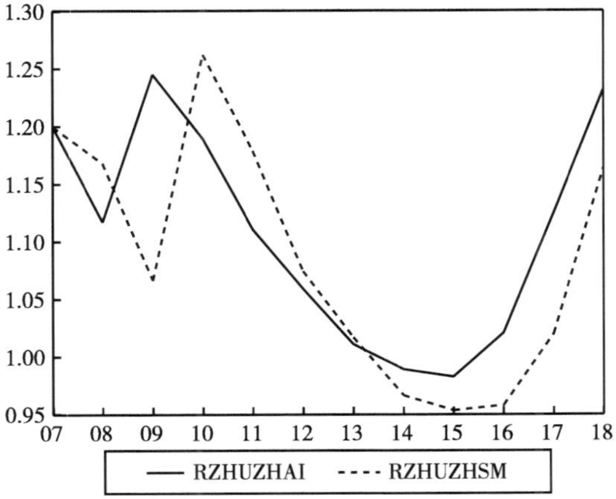

（8）河北省。

2007—2018 年河北省的房价指数和预期房价指数如下表及下图所示。

年份	RZHUZHAI	RZHUZHSM
2007	1. 234964	1. 234964
2008	1. 09501	1. 21584383
2009	1. 170252	1. 12180911
2010	1. 072274	1. 13272257
2011	1. 094351	1. 0761255
2012	1. 09961	1. 06830478
2013	1. 120243	1. 06859322
2014	1. 075	1. 08149488
2015	1. 108661	1. 05834802
2016	1. 137432	1. 07042089
2017	1. 119078	1. 09284627
2018	1. 075011	1. 08998925

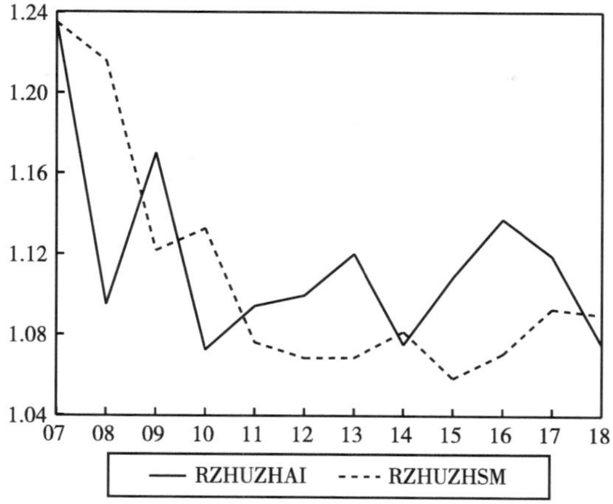

（9）河南省。

2007—2018 年河南省的房价指数和预期房价指数如下表及下图所示。

年份	RZHUZHAI	RZHUZHSM
2007	1. 129486	1. 129486
2008	1. 027282	1. 123271667
2009	1. 169785	1. 117057333
2010	1. 141943	1. 110843
2011	1. 093541	1. 104628667
2012	1. 124268	1. 098414333
2013	1. 0922	1. 0922
2014	1. 019296	1. 085985667
2015	1. 104375	1. 079771333
2016	1. 105861	1. 073557
2017	1. 0553	1. 067342667
2018	1. 097856	1. 061128333

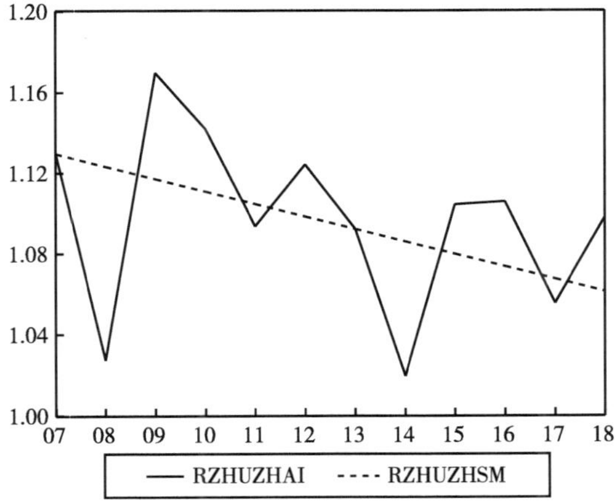

（10）黑龙江省。

2007—2018 年黑龙江省的房价指数和预期房价指数如下表及下图所示。

年份	RZHUZHAI	RZHUZHSM
2007	1. 15678	1. 15678
2008	1. 122345	1. 16239017
2009	1. 160863	1. 15569067
2010	1. 138572	1. 16219412
2011	1. 054633	1. 1599363
2012	1. 011603	1. 13215918
2013	1. 190441	1. 09786146
2014	1. 018489	1. 12698316
2015	1. 066637	1. 09590653
2016	1. 043794	1. 08729564
2017	1. 207596	1. 07380068
2018	1. 099621	1. 11404902

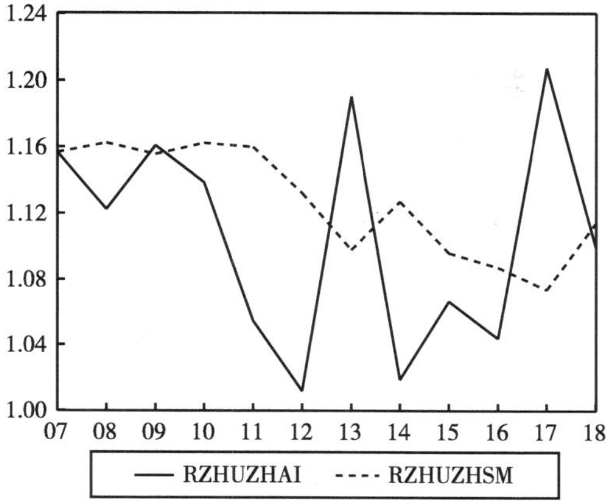

（11）湖北省。

2007—2018 年湖北省的房价指数和预期房价指数如下表及下图所示。

年份	RZHUZHAI	RZHUZHSM
2007	1. 212749	1. 212749
2008	0. 9867212	1. 18368183
2009	1. 177709	1. 06527326
2010	1. 027249	1. 05301357
2011	1. 18144	0. 99758562
2012	1. 126957	1. 03276802
2013	1. 038346	1. 05919626
2014	1. 049103	1. 04979437
2015	1. 113668	1. 04591685
2016	1. 140208	1. 07296485
2017	1. 13164	1. 11154438
2018	1. 113453	1. 14041154

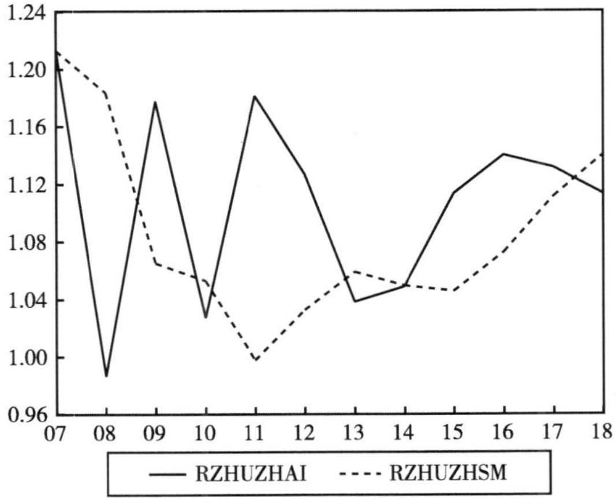

（12）湖南省。

2007—2018 年湖南省的房价指数和预期房价指数如下表及下图所示。

年份	RZHUZHAI	RZHUZHSM
2007	1. 249408	1. 249408
2008	1. 021779	1. 21866617
2009	1. 198296	1. 11705677
2010	1. 190363	1. 0801224
2011	1. 169094	1. 06824741
2012	1. 041429	1. 07283114
2013	1. 064957	1. 04796262
2014	0. 980041	1. 03486251
2015	1. 037598	0. 99897146
2016	1. 089582	0. 98684987
2017	1. 119169	1. 00475407
2018	1. 129385	1. 04535208

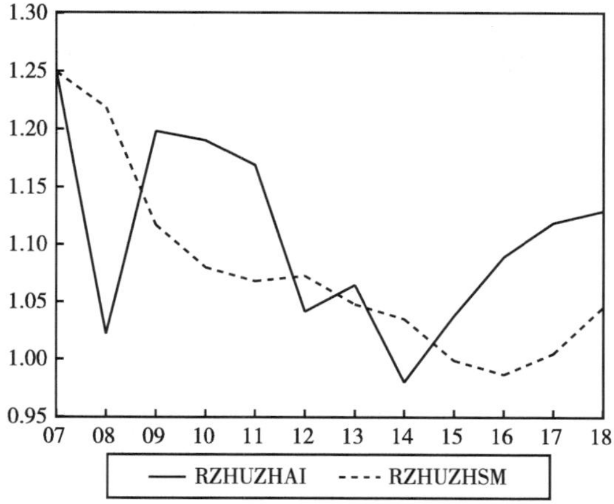

（13）吉林省。

2007—2018 年吉林省的房价指数和预期房价指数如下表及下图所示。

年份	RZHUZHAI	RZHUZHSM
2007	1. 179369	1. 179369
2008	1. 094549	1. 164652167
2009	1. 162151	1. 149935333
2010	1. 253587	1. 1352185
2011	1. 190607	1. 120501667
2012	0. 9312528	1. 105784833
2013	1. 091068	1. 091068
2014	1. 137654	1. 076351167
2015	1. 083784	1. 061634333
2016	0. 9487819	1. 0469175
2017	1. 162151	1. 032200667
2018	1. 183194	1. 017483833

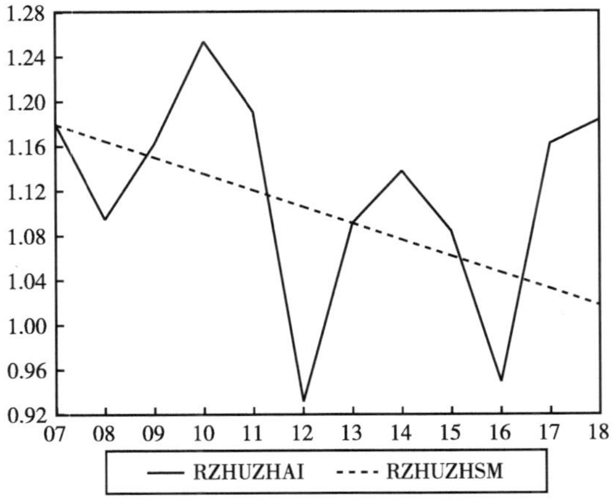

（14）江苏省。

2007—2018 年江苏省的房价指数和预期房价指数如下表及下图所示。

年份	RZHUZHAI	RZHUZHSM
2007	1.136003	1.136003
2008	0.9916536	1.11923017
2009	1.263808	1.08204636
2010	1.163788	1.08414808
2011	1.098927	1.08445137
2012	1.045181	1.08069983
2013	1.035366	1.07010764
2014	1.02	1.05679847
2015	1.058086	1.04038107
2016	1.216943	1.02973998
2017	1.03847	1.04763319
2018	1.162293	1.04908508

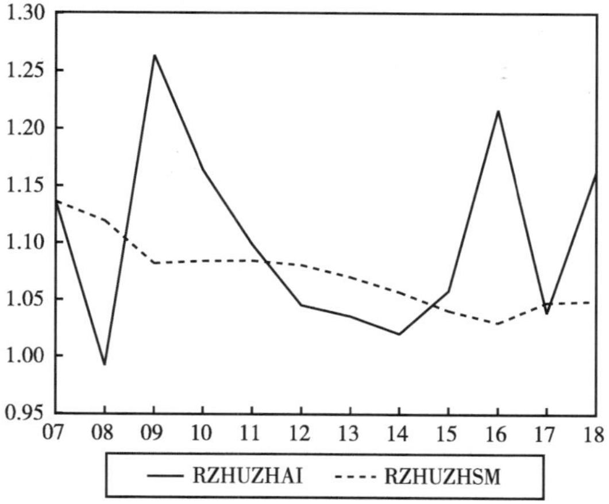

（15）江西省。

2007—2018 年江西省的房价指数和预期房价指数如下表及下图所示。

年份	RZHUZHAI	RZHUZHSM
2007	1. 256296	1. 256296
2008	1. 012012	1. 233507
2009	1. 244807	1. 210718
2010	1. 175606	1. 187929
2011	1. 291651	1. 16514
2012	1. 146307	1. 142351
2013	1. 119562	1. 119562
2014	1. 013456	1. 096773
2015	1. 027359	1. 073984
2016	1. 043861	1. 051195
2017	1. 087976	1. 028406
2018	1. 127586	1. 005617

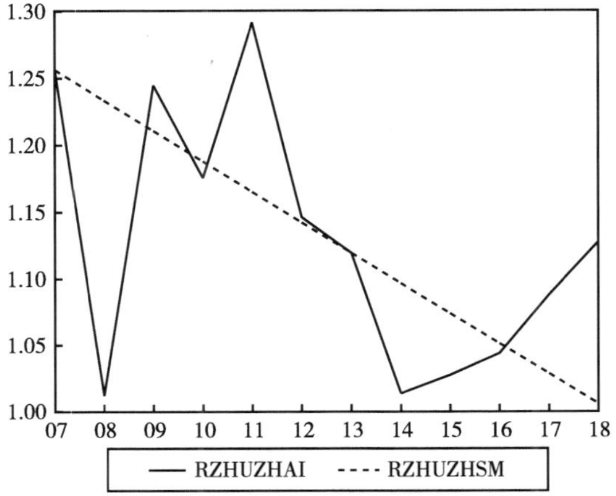

（16）辽宁省。

2007—2018 年辽宁省的房价指数和预期房价指数如下表及下图所示。

年份	RZHUZHAI	RZHUZHSM
2007	1. 163328	1. 163328
2008	1. 065574	1. 143201
2009	1. 083077	1. 07055584
2010	1. 111312	1. 03277188
2011	1. 055748	1. 04386716
2012	1. 038373	1. 03629986
2013	1. 042566	1. 02609613
2014	1. 03843	1. 02633022
2015	1. 074212	1. 02915126
2016	1. 07109	1. 05834448
2017	1. 099047	1. 08084177
2018	1. 139362	1. 11132275

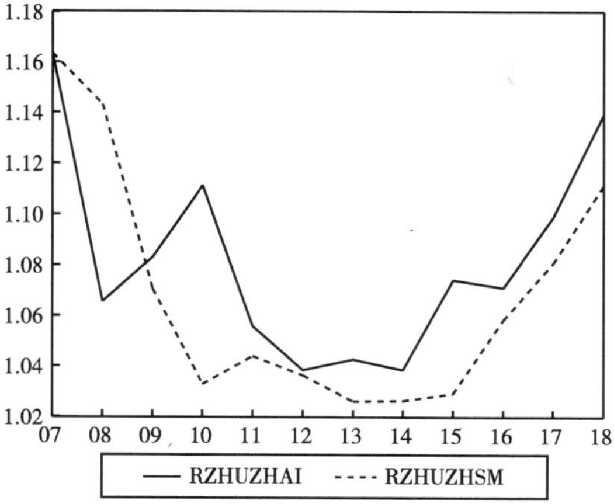

（17）山东省。

2007—2018 年山东省的房价指数和预期房价指数如下表及下图所示。

年份	RZHUZHAI	RZHUZHSM
2007	1.166387	1.166387
2008	1.018578	1.147447667
2009	1.189057	1.084701023
2010	1.123599	1.079332284
2011	1.128585	1.071274226
2012	1.059983	1.075174203
2013	1.052751	1.06416919
2014	1.048364	1.051864745
2015	1.051899	1.040310995
2016	1.082798	1.033291427
2017	1.074197	1.041131291
2018	1.20039	1.051796839

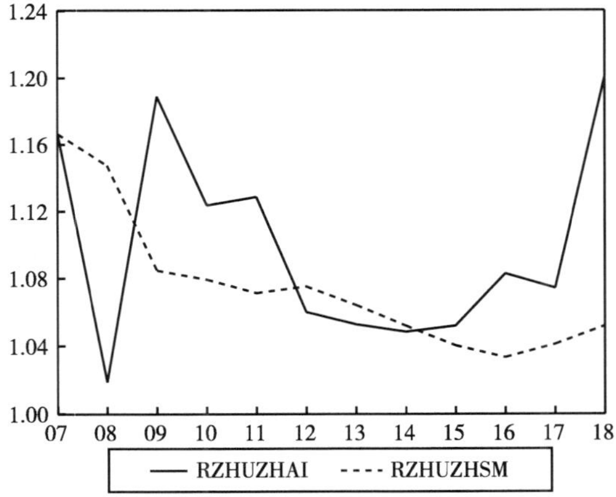

（18）山西省。

2007—2018 年山西省的房价指数和预期房价指数如下表及下图所示。

年份	RZHUZHAI	RZHUZHSM
2007	1. 136736	1. 136736
2008	1. 097733	1. 1374335
2009	1. 132712	1. 138131
2010	1. 307994	1. 1388285
2011	0. 9680775	1. 139526
2012	1. 142176	1. 1402235
2013	1. 140921	1. 140921
2014	1. 059606	1. 1416185
2015	1. 062752	1. 142316
2016	1. 009701	1. 1430135
2017	1. 139724	1. 143711
2018	1. 218435	1. 1444085

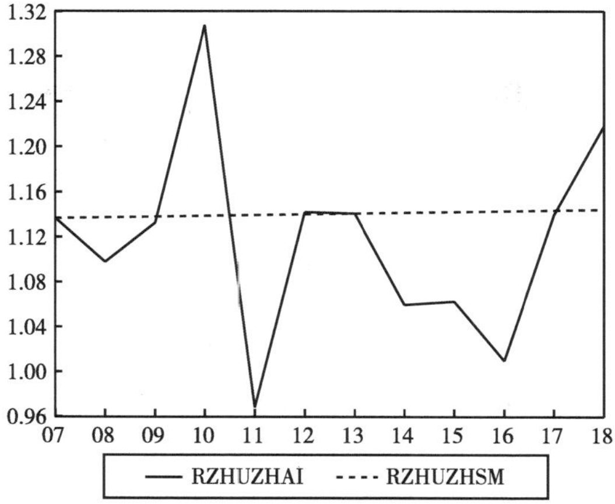

（19）陕西省。

2007—2018 年陕西省的房价指数和预期房价指数如下表及下图所示。

年份	RZHUZHAI	RZHUZHSM
2007	1.082849	1.082849
2008	1.134298	1.07556283
2009	1.103509	1.07380884
2010	1.178285	1.07132872
2011	1.282792	1.07714093
2012	1.020778	1.09590677
2013	1.039132	1.09525935
2014	0.9663394	1.09383236
2015	1.053701	1.08376409
2016	1.035813	1.07851254
2017	1.230433	1.07104267
2018	1.223097	1.08114706

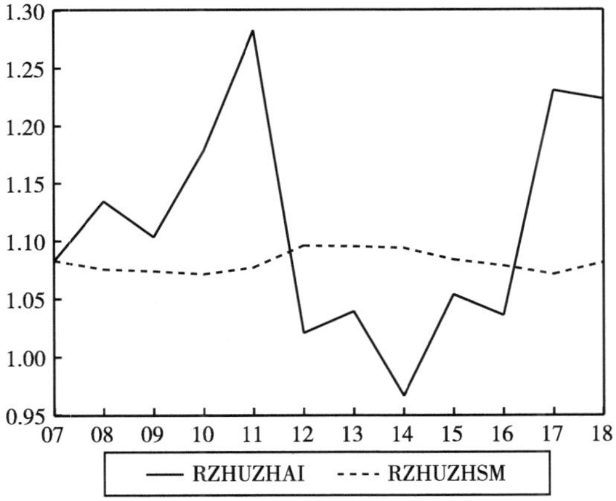

（20）上海市。

2007—2018 年上海市的房价指数和预期房价指数如下表及下图所示。

年份	RZHUZHAI	RZHUZHSM
2007	1. 172468	1. 172468
2008	0. 9832788	1. 171627
2009	1. 523598	1. 170786
2010	1. 155775	1. 169945
2011	0. 9493236	1. 169104
2012	1. 022413	1. 168263
2013	1. 167422	1. 167422
2014	1. 013772	1. 166581
2015	1. 309839	1. 16574
2016	1. 20506	1. 164899
2017	0. 9597067	1. 164058
2018	1. 165487	1. 163217

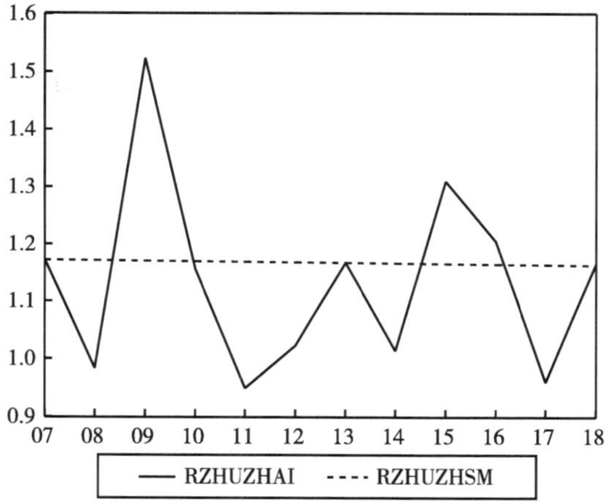

（21）四川省。

2007—2018年四川省的房价指数和预期房价指数如下表及下图所示。

年份	RZHUZHAI	RZHUZHSM
2007	1.296931	1.296931
2008	1.114132	1.2517045
2009	1.119661	1.04001837
2010	1.160454	1.062270531
2011	1.153106	1.12367985
2012	1.079227	1.122510679
2013	1.025572	1.039543081
2014	1.00118	0.982954468
2015	0.9886096	0.96238942
2016	1.082439	0.955324668
2017	1.080565	1.075845217
2018	1.136379	1.074962266

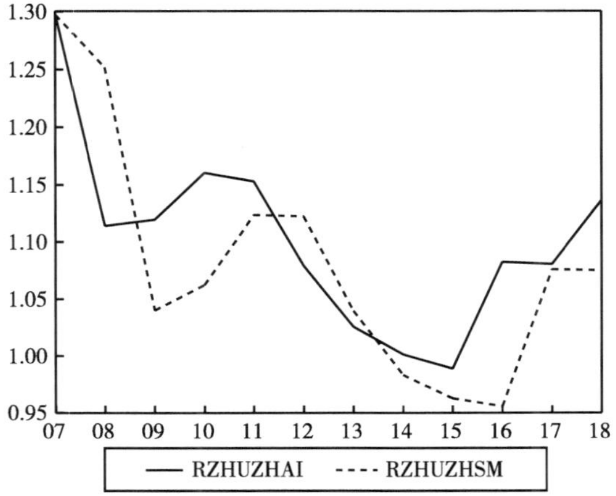

（22）天津市。

2007—2018 年天津市的房价指数和预期房价指数如下表及下图所示。

年份	RZHUZHAI	RZHUZHSM
2007	1. 199273	1. 199273
2008	1. 003945	1. 17397683
2009	1. 179886	1. 04155509
2010	1. 20212	1. 10341189
2011	1. 076528	1. 14030504
2012	0. 9370522	1. 07482727
2013	1. 047496	0. 96272833
2014	1. 052205	0. 99083855
2015	1. 124943	1. 00420524
2016	1. 295942	1. 05497779
2017	1. 176301	1. 18149691
2018	1. 051853	1. 15292715

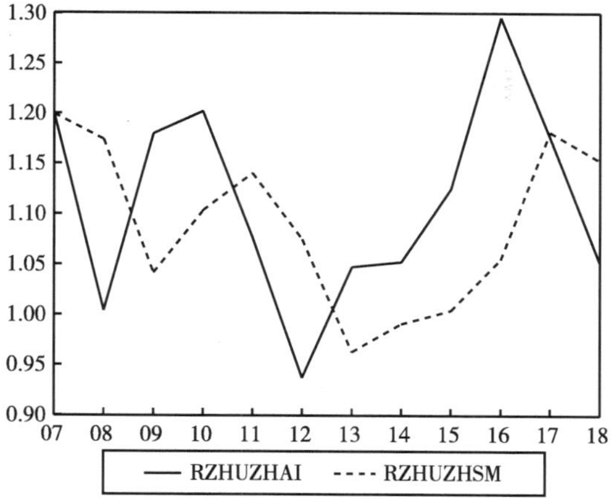

（23）云南省。

2007—2018 年云南省的房价指数和预期房价指数如下表及下图所示。

年份	RZHUZHAI	RZHUZHSM
2007	1. 047973	1. 047973
2008	1. 063153	1. 05357467
2009	1. 115526	1. 05969618
2010	1. 062431	1. 06856061
2011	1. 171243	1. 07541844
2012	1. 139475	1. 0876608
2013	1. 081583	1. 09984224
2014	1. 065853	1. 10947917
2015	1. 078409	1. 11729581
2016	1. 0025	1. 12430994
2017	1. 177057	1. 12587892
2018	1. 303672	1. 13387769

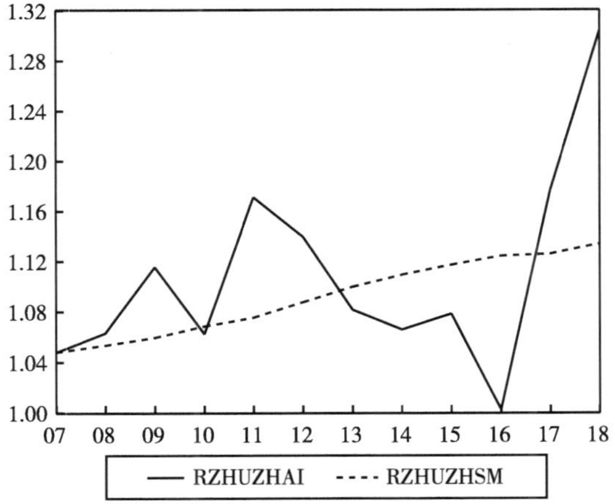

（24）浙江省。

2007—2018 年浙江省的房价指数和预期房价指数如下表及下图所示。

年份	RZHUZHAI	RZHUZHSM
2007	1. 246813	1. 246813
2008	1. 092655	1. 210926
2009	1. 28418	1. 0899805
2010	1. 182763	1. 17729362
2011	1. 050274	1. 15591035
2012	1. 089636	1. 05538312
2013	1. 031491	1. 0407559
2014	0. 9609659	0. 99959988
2015	1. 015965	0. 93603231
2016	1. 064342	0. 95235754
2017	1. 173233	1. 00286153
2018	1. 134922	1. 11094618

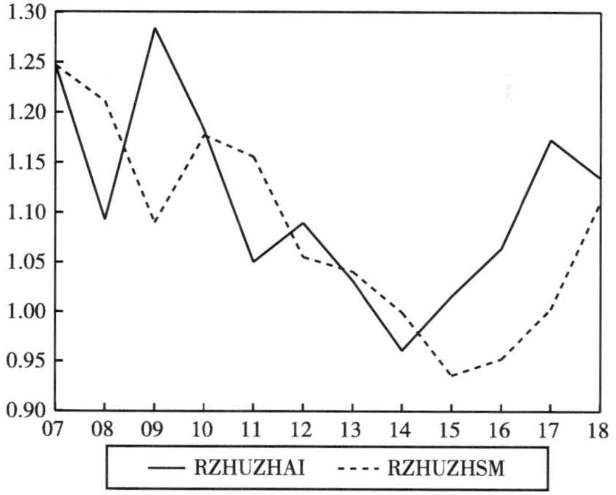

（25）重庆市。

2007—2018 年重庆市的房价指数和预期房价指数如下表及下图所示。

年份	RZHUZHAI	RZHUZHSM
2007	1. 24355	1. 24355
2008	1. 020008	1. 218019833
2009	1. 237121	1. 041997703
2010	1. 236987	1. 164764169
2011	1. 111956	1. 194124437
2012	1. 069562	1. 106145026
2013	1. 090369	1. 052811211
2014	0. 9723229	1. 055825527
2015	0. 9839026	0. 966832111
2016	1. 029928	0. 954275772
2017	1. 279543	0. 986242433
2018	1. 23997	1. 183625097

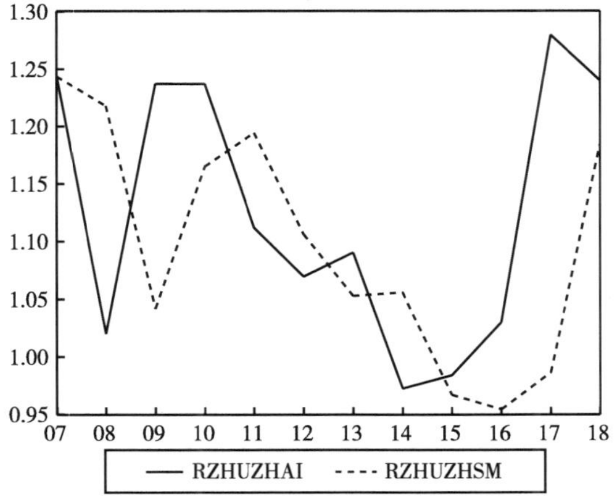
1.30
1.25
1.20
1.15
1.10
1.05
1.00
0.95
07 08 09 10 11 12 13 14 15 16 17 18
RZHUZHAI
RZHUZHSM

附录 2：2009—2017 年各地区城镇家庭的收入增长率和房价上涨率

这里“各地区”，是指各省、直辖市、自治区。下图均是作者根据《中国统计年鉴》公布的数据整理绘制而成，其中收入增长率和房价上涨率均是和上一年相比。

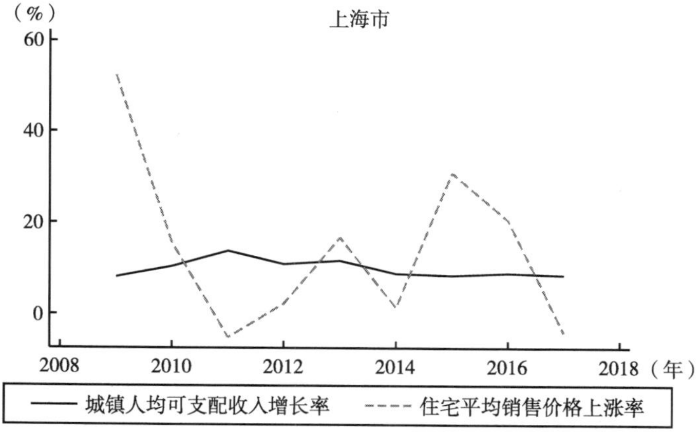

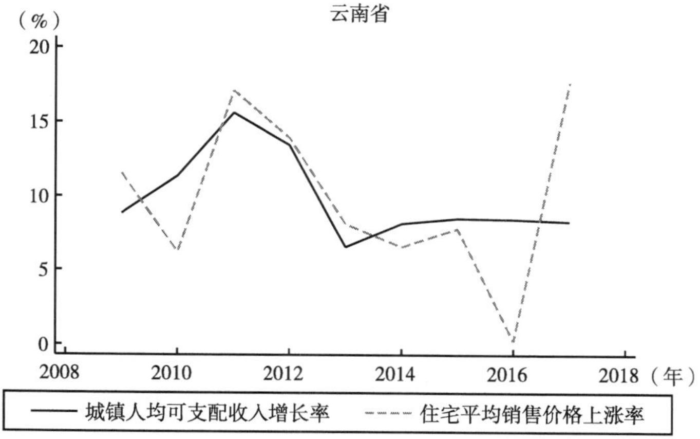

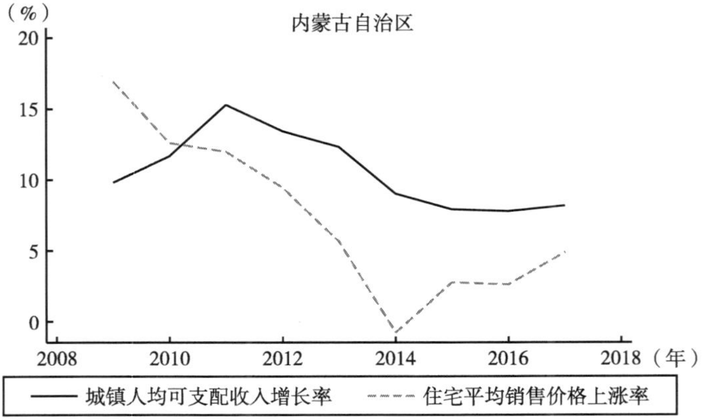
（%）
内蒙古自治区
20
15
10
5
0
2008
2010
2012
2014
2016
2018（年）
城镇人均可支配收入增长率
住宅平均销售价格上涨率

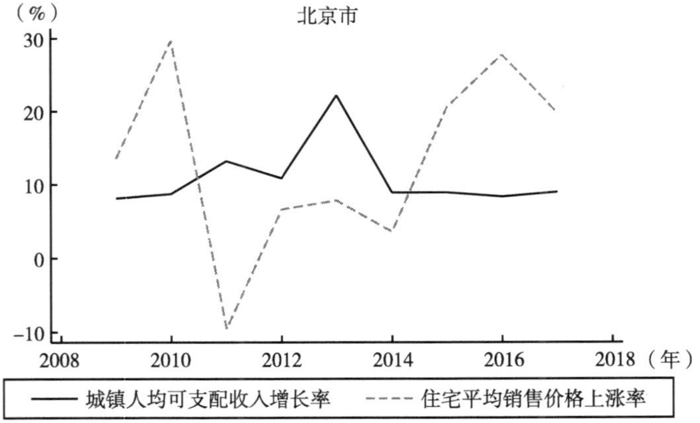
（%）
北京市
30
20
10
0
-10
2008
2010
2012
2014
2016
2018（年）
城镇人均可支配收入增长率
住宅平均销售价格上涨率

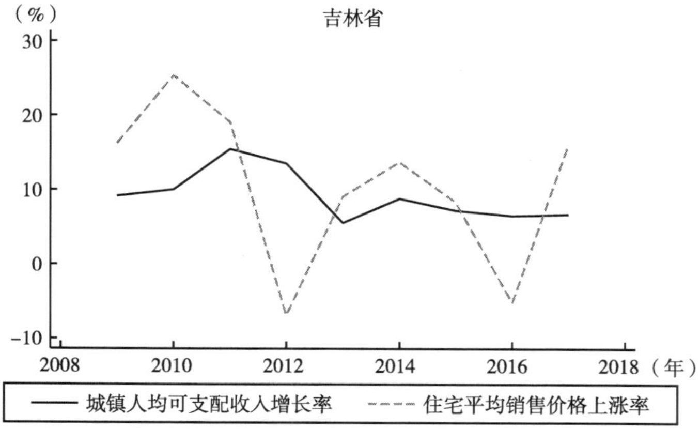
吉林省
（%）
30
20
10
0
−10
2008
2010
2012
2014
2016
2018（年）
城镇人均可支配收入增长率
住宅平均销售价格上涨率

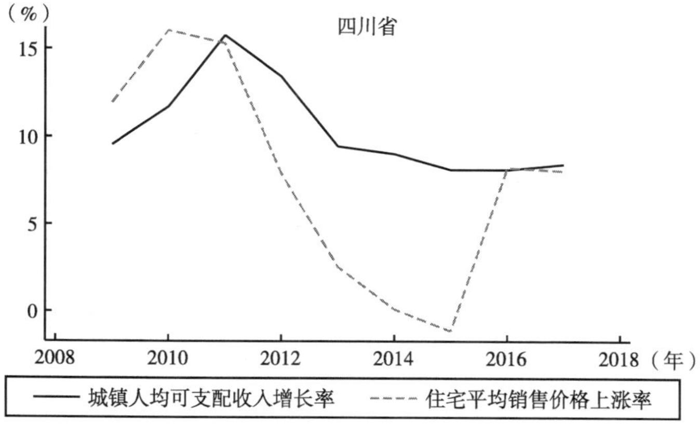
四川省
（%）
15
10
5
0
2008
2010
2012
2014
2016
2018（年）
城镇人均可支配收入增长率
住宅平均销售价格上涨率

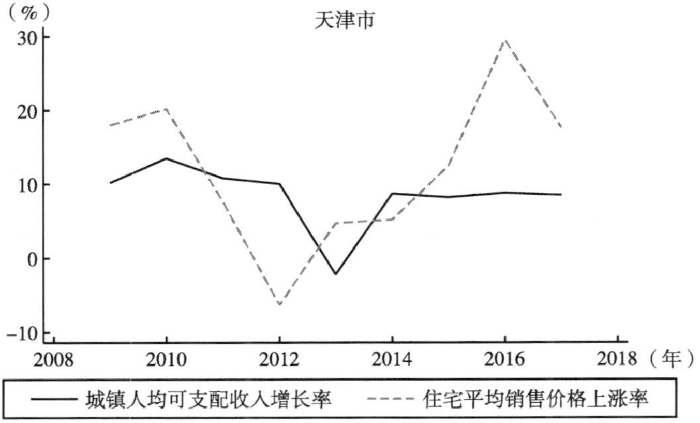
(%)
天津市
30
20
10
0
-10
2008
2010
2012
2014
2016
2018（年）
城镇人均可支配收入增长率
住宅平均销售价格上涨率

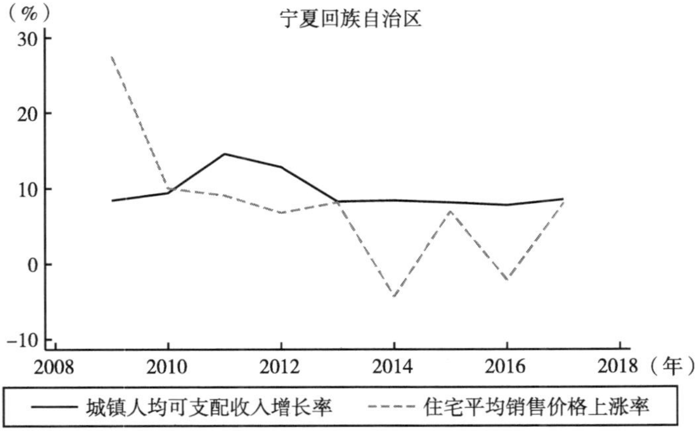
(%)
宁夏回族自治区
30
20
10
0
-10
2008
2010
2012
2014
2016
2018（年）
城镇人均可支配收入增长率
住宅平均销售价格上涨率

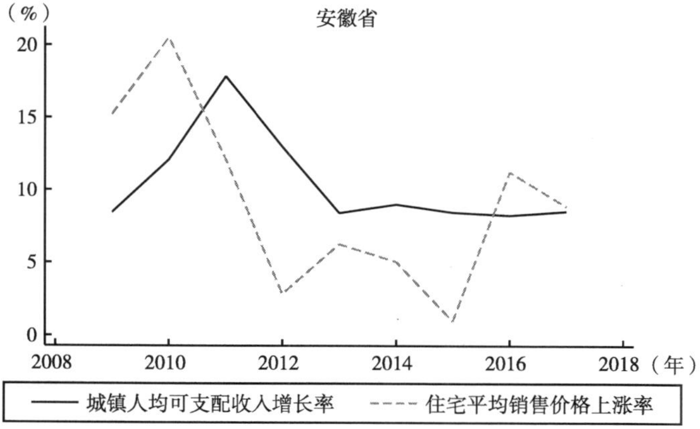
(%)
安徽省
20
15
10
5
0
2008
2010
2012
2014
2016
2018 (年)
城镇人均可支配收入增长率
住宅平均销售价格上涨率

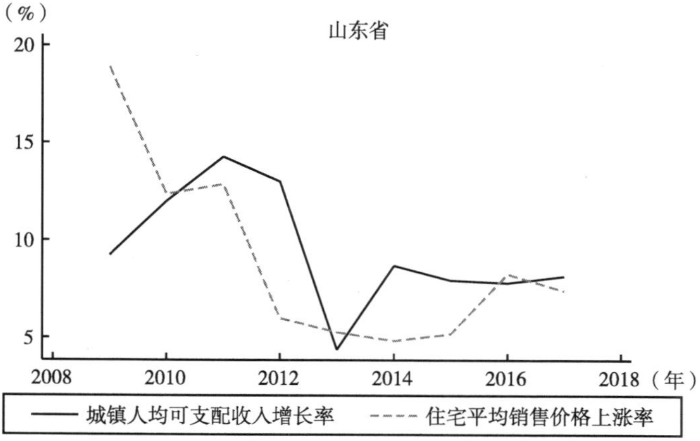
(%)
山东省
20
15
10
5
2008
2010
2012
2014
2016
2018 (年)
城镇人均可支配收入增长率
住宅平均销售价格上涨率

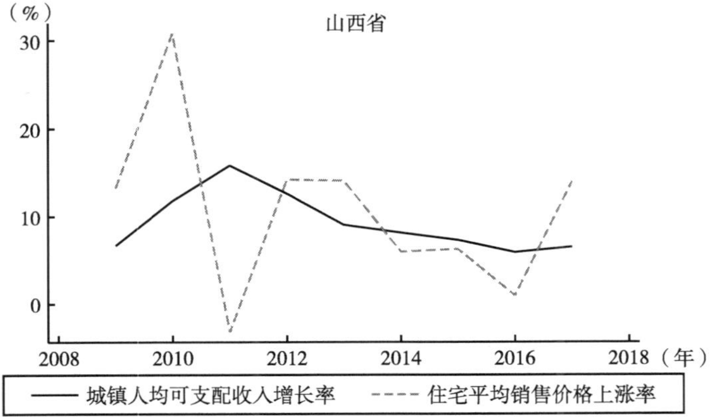
（%）
山西省
30
20
10
0
2008
2010
2012
2014
2016
2018（年）
城镇人均可支配收入增长率
住宅平均销售价格上涨率

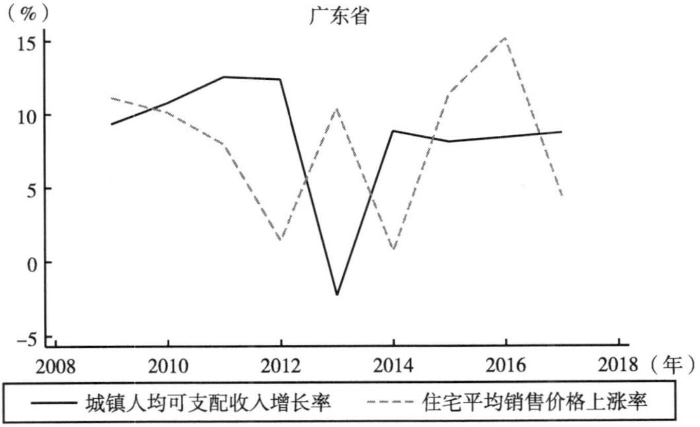
（%）
广东省
15
10
5
0
-5
2008
2010
2012
2014
2016
2018（年）
城镇人均可支配收入增长率
住宅平均销售价格上涨率

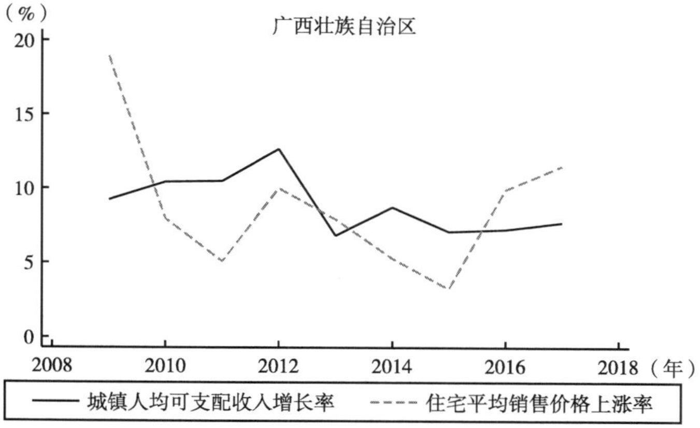
（%）
广西壮族自治区
20
15
10
5
0
2008
2010
2012
2014
2016
2018（年）
城镇人均可支配收入增长率
住宅平均销售价格上涨率

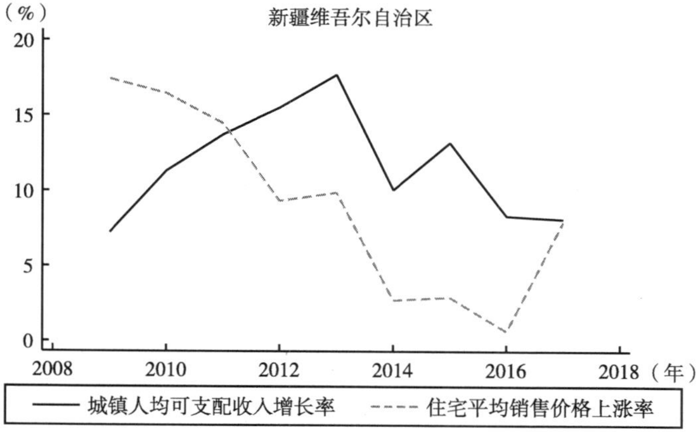
（%）
新疆维吾尔自治区
20
15
10
5
0
2008
2010
2012
2014
2016
2018（年）
城镇人均可支配收入增长率
住宅平均销售价格上涨率

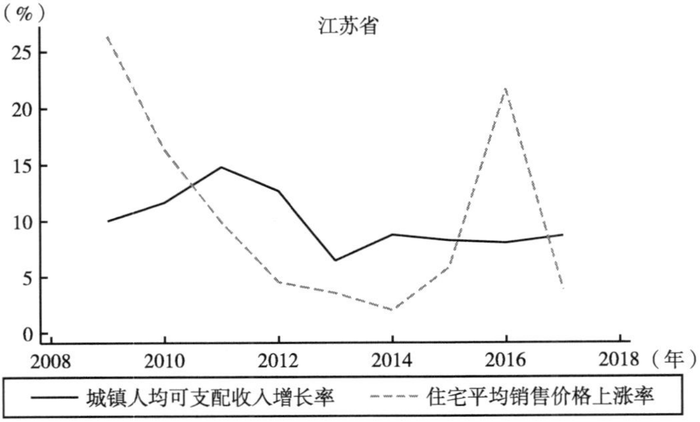
（%）
江苏省
25
20
15
10
5
0
2008
2010
2012
2014
2016
2018（年）
城镇人均可支配收入增长率
住宅平均销售价格上涨率

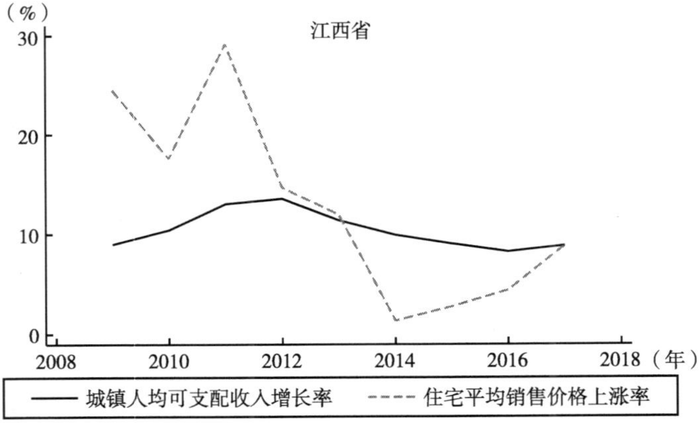
（%）
江西省
30
20
10
0
2008
2010
2012
2014
2016
2018（年）
城镇人均可支配收入增长率
住宅平均销售价格上涨率

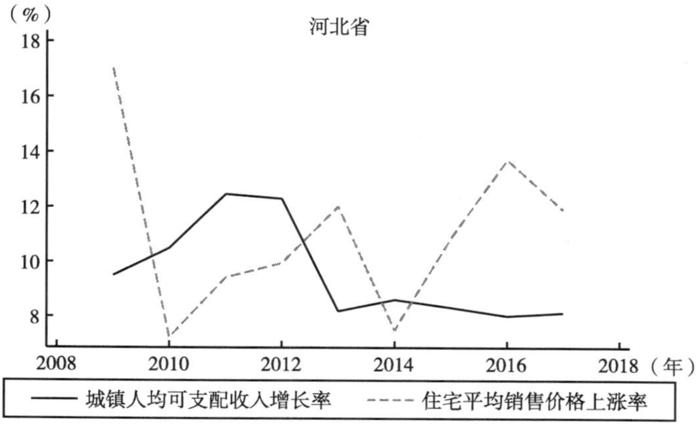
（%）
河北省
18
16
14
12
10
8
2008
2010
2012
2014
2016
2018（年）
城镇人均可支配收入增长率
住宅平均销售价格上涨率

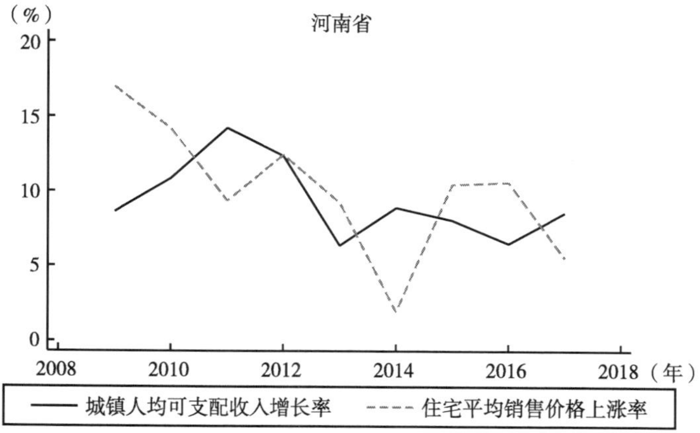
（%）
河南省
20
15
10
5
0
2008
2010
2012
2014
2016
2018（年）
城镇人均可支配收入增长率
住宅平均销售价格上涨率

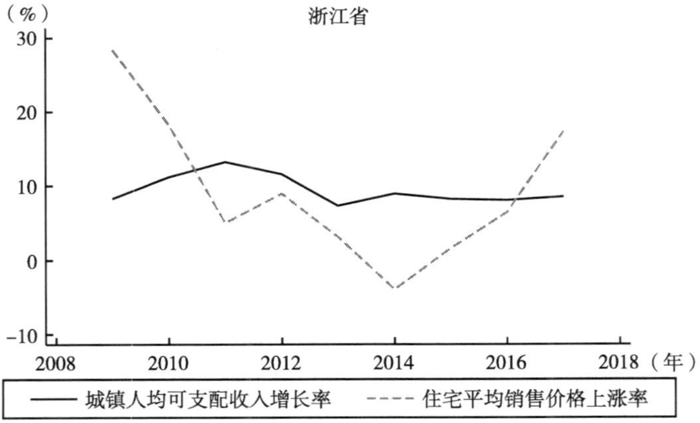
浙江省
(%)
30
20
10
0
−10
2008
2010
2012
2014
2016
2018 (年)
城镇人均可支配收入增长率
住宅平均销售价格上涨率

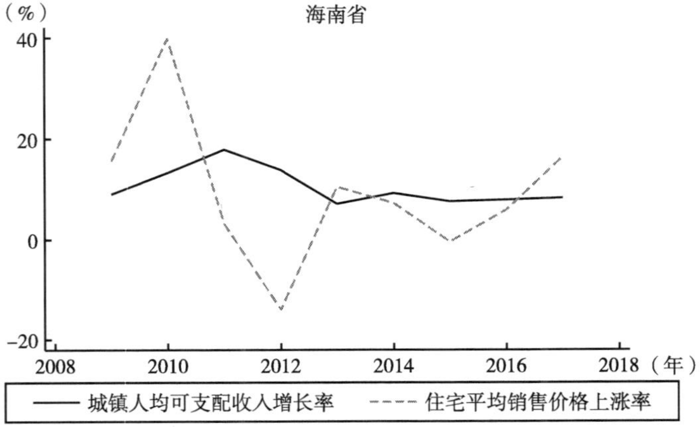
海南省
(%)
40
20
0
−20
2008
2010
2012
2014
2016
2018 (年)
城镇人均可支配收入增长率
住宅平均销售价格上涨率

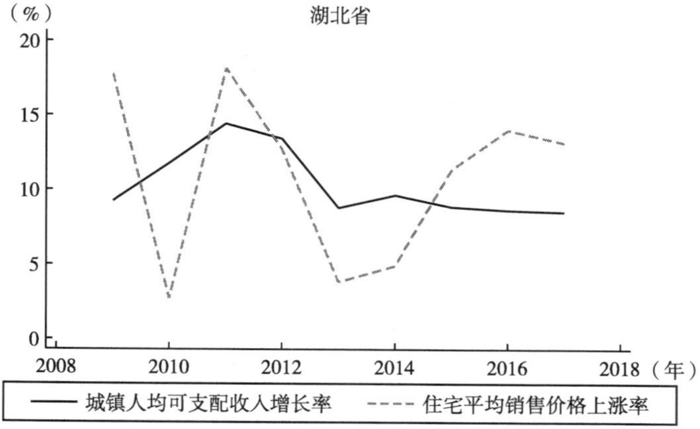
（%）
湖北省
20
15
10
5
0
2008
2010
2012
2014
2016
2018（年）
城镇人均可支配收入增长率
住宅平均销售价格上涨率

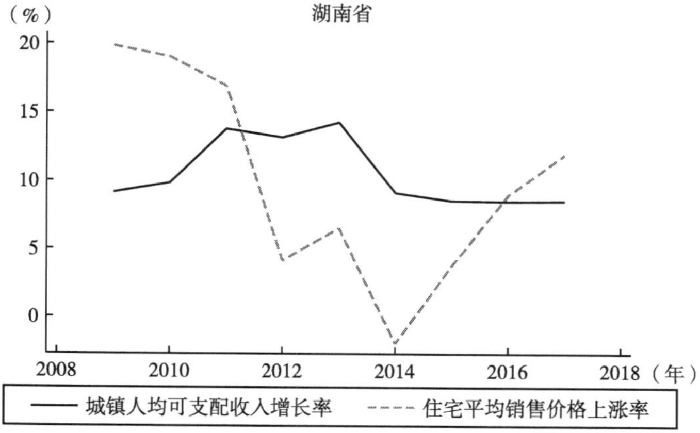
（%）
湖南省
20
15
10
5
0
2008
2010
2012
2014
2016
2018（年）
城镇人均可支配收入增长率
住宅平均销售价格上涨率

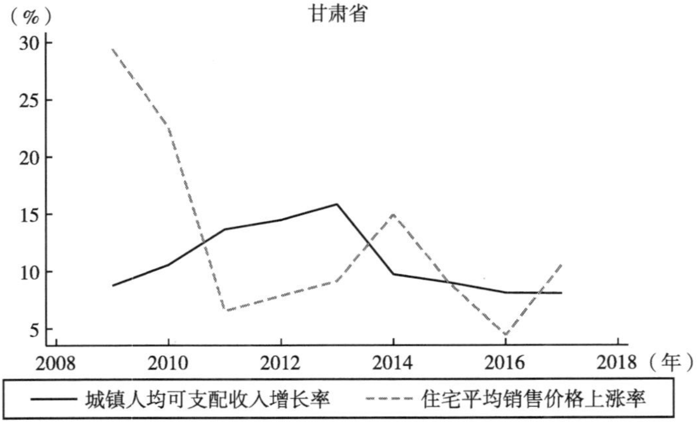
甘肃省
（%）
30
25
20
15
10
5
2008
2010
2012
2014
2016
2018（年）
城镇人均可支配收入增长率
住宅平均销售价格上涨率

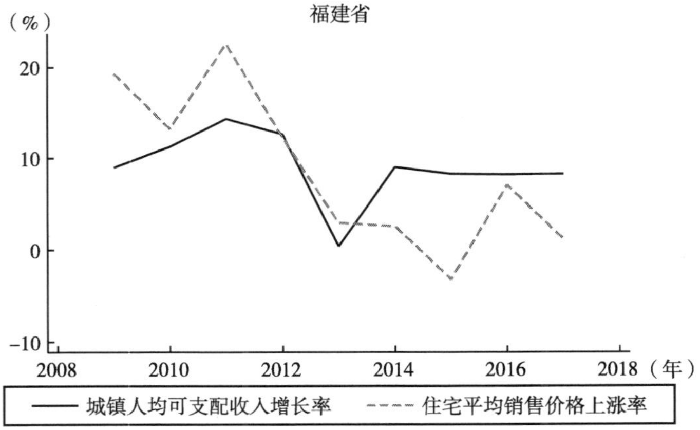
福建省
（%）
20
10
0
−10
2008
2010
2012
2014
2016
2018（年）
城镇人均可支配收入增长率
住宅平均销售价格上涨率

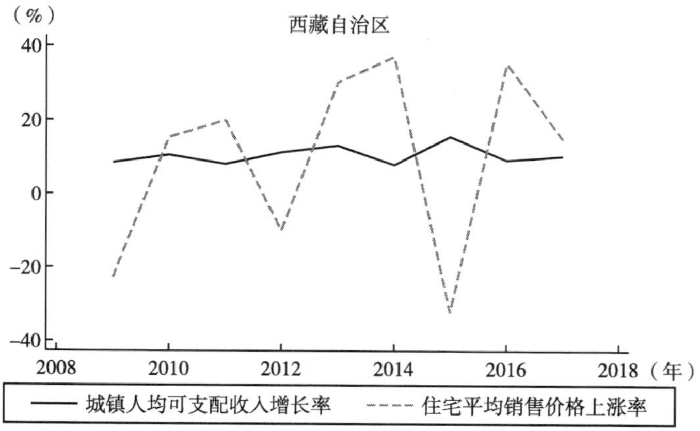
（%）
西藏自治区
40
20
0
-20
-40
2008
2010
2012
2014
2016
2018（年）
城镇人均可支配收入增长率
住宅平均销售价格上涨率

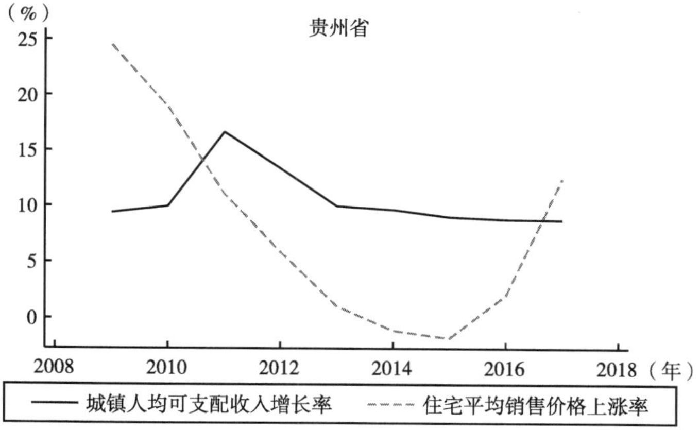
（%）
贵州省
25
20
15
10
5
0
2008
2010
2012
2014
2016
2018（年）
城镇人均可支配收入增长率
住宅平均销售价格上涨率

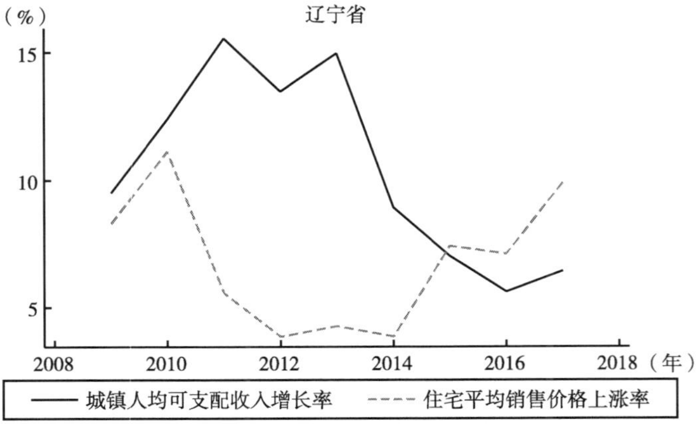
辽宁省
（%）
15
10
5
2008
2010
2012
2014
2016
2018（年）
城镇人均可支配收入增长率
住宅平均销售价格上涨率

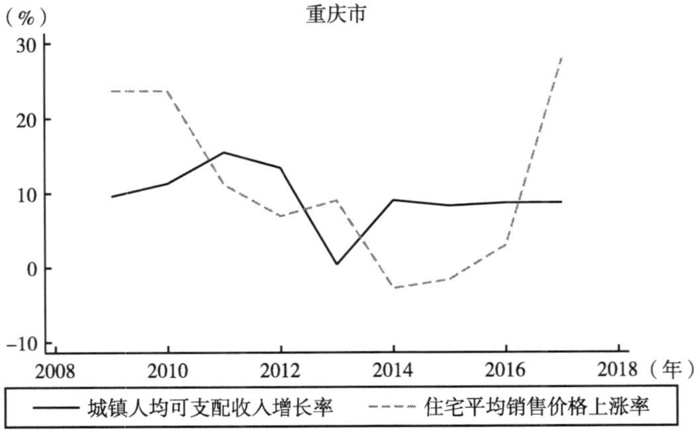
重庆市
（%）
30
20
10
0
−10
2008
2010
2012
2014
2016
2018（年）
城镇人均可支配收入增长率
住宅平均销售价格上涨率

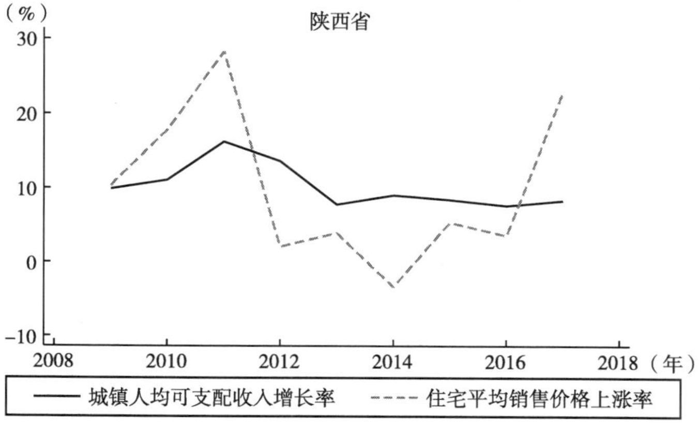
（%）
陕西省
30
20
10
0
−10
2008
2010
2012
2014
2016
2018（年）
城镇人均可支配收入增长率
住宅平均销售价格上涨率

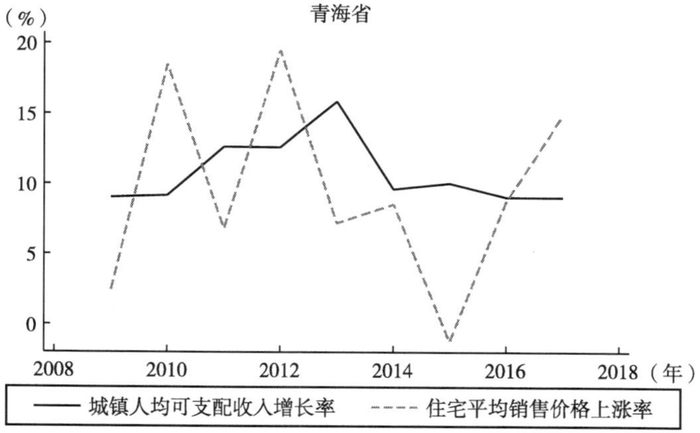
（%）
青海省
20
15
10
5
0
2008
2010
2012
2014
2016
2018（年）
城镇人均可支配收入增长率
住宅平均销售价格上涨率

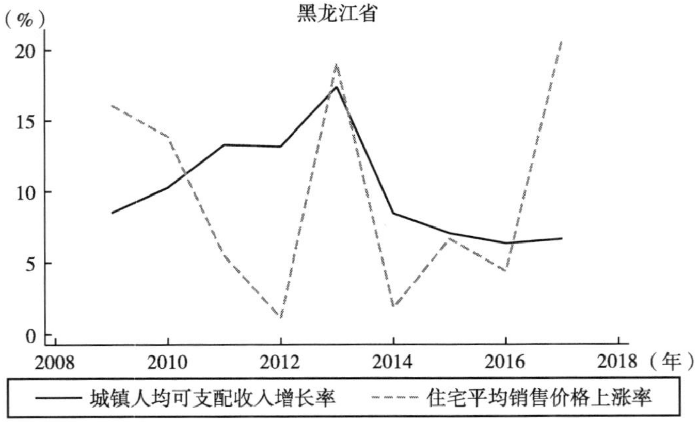

黑龙江省
（%）
20
15
10
5
0
2008
2010
2012
2014
2016
2018（年）
城镇人均可支配收入增长率
住宅平均销售价格上涨率

附录3：2008—2017 年各地区的宏观房价收入比

2008—2017 年各地区（省、直辖市、自治区）的宏观房价收入比

地区名称	宏观房价收入比									
	2008 年	2009 年	2010 年	2011 年	2012 年	2013 年	2014 年	2015 年	2016 年	2017 年
北京	19.9927	22.2789	25.5760	19.6000	18.0855	15.2760	13.8134	16.5366	20.1663	21.9207
天津	9.0774	10.3667	11.1520	11.4684	9.6331	10.5308	10.1400	10.5005	13.0316	14.7190
河北	6.2554	6.7325	6.4065	6.4299	6.4249	6.7005	6.6149	6.7107	7.1238	7.7917
山西	5.8506	6.2717	7.6786	6.2798	6.7110	7.2107	7.0375	6.7560	6.3629	7.2110
内蒙古	5.2960	5.8464	6.2175	6.3706	6.0356	5.6075	5.2289	4.9570	4.7699	4.8565
辽宁	7.9832	7.7410	7.9470	7.4237	6.8777	6.1415	6.0996	5.8964	5.9433	6.4432
吉林	5.3500	5.8056	6.9285	7.2342	5.8561	6.2488	6.1221	6.7430	6.1914	7.4395
黑龙江	7.0633	7.4570	7.5155	7.2742	6.5403	7.2104	6.7288	6.4494	6.6366	7.9040
上海	13.9701	20.4440	18.0768	15.2028	14.1961	15.0186	13.4274	16.7396	18.8292	15.3293
江苏	7.4682	8.9925	9.4585	9.0557	8.1894	7.9733	7.3408	7.0317	7.8986	7.8003
浙江	11.4479	13.6964	15.8904	14.5093	13.5526	13.9136	12.2150	10.9116	10.6387	12.0958
安徽	7.5248	7.8406	8.3326	8.0180	7.2242	6.9483	6.6172	5.9911	6.1623	6.5929
福建	8.8667	9.9983	9.9925	11.7201	11.6296	12.2570	11.3050	9.2878	9.1226	8.5239
江西	5.0774	5.6652	5.8225	7.2387	7.2245	7.2744	6.8740	5.9080	5.7158	5.8634
山东	6.3361	6.8535	6.9411	7.1437	6.5909	6.9757	6.6513	6.4017	6.6510	6.7843
河南	5.3084	5.6878	5.7257	5.8245	5.6826	6.0440	5.5461	5.4870	5.5909	5.7473
湖北	7.8921	8.4166	7.6439	7.9843	7.8633	7.8660	7.0301	7.3711	7.5980	8.1860
湖南	5.8497	6.1303	6.4504	7.2731	6.5297	5.7264	5.3069	4.9246	4.8691	5.1262
广东	9.6419	10.2162	10.4592	9.6266	8.6414	10.1594	9.1796	9.4131	10.1914	10.1863

续表

地区名称	宏观房价收入比									
	2008 年	2009 年	2010 年	2011 年	2012 年	2013 年	2014 年	2015 年	2016 年	2017 年
广西	5.7300	6.1465	6.4595	6.5021	6.0024	6.0768	5.9395	5.3431	5.4730	4.9742
海南	10.5921	10.7461	13.5552	12.0479	9.4776	9.7032	8.7898	7.9107	7.4731	8.3510
重庆	6.1182	7.2290	7.8004	7.4579	7.3367	7.8858	6.7089	5.8182	5.7281	6.9044
四川	8.4186	8.5313	8.8714	9.0141	8.4851	8.0154	7.4272	6.0225	6.1058	6.4503
贵州	6.2308	6.7909	8.0132	7.7700	6.7001	6.2693	5.7398	4.6519	4.4612	4.7229
云南	6.3922	6.4940	6.6280	6.9637	6.5424	6.6660	6.4974	6.2723	5.6225	6.2888
西藏	6.9888	4.2608	5.3567	5.9022	4.5859	5.1938	6.2799	4.3034	4.8979	4.9813
陕西	7.3762	7.2438	7.5325	8.6766	7.7813	7.5910	6.7028	6.4797	6.2363	7.5893
甘肃	4.9726	6.0643	6.6398	6.7675	6.1474	5.7089	5.9202	5.6488	5.7862	6.2529
青海	6.2308	5.7908	7.0907	6.7668	6.6602	6.4272	6.6750	5.2771	5.3592	6.1827
宁夏	4.8437	6.0329	6.7177	6.0964	5.8139	6.1754	5.4069	5.5797	5.1869	5.2873
新疆	4.9620	5.6473	6.4722	6.7293	6.6364	6.0644	5.8226	5.1833	4.7912	5.0302

资料来源：作者根据 EPS 数据平台中的中国房地产数据库和《中国统计年鉴》中的数据整理得出。

参考文献

［1］刘伟，王灿，赵晓军，张辉．中国收入分配差距：现状、原因和对策研究［J］．中国人民大学学报，2018（5）：25－43.

［2］周广肃，樊纲，李力行．收入差距、物质渴求与家庭风险金融资产投资［J］．世界经济，2018（4）：53－74.

［3］（美）艾伯特·安多，（美）弗兰科·莫迪利安尼．The life cycle hypothesis of saving：aggregate implications and tests［J］．American Economic Review，1963，53（1）：55－84.

［4］（美）沃尔特·艾略特．Wealth and wealth proxies in a permanent income model［J］．Quarterly Journal of Economics，1980（95）：509－535.

［5］（美）希拉里·霍恩斯，（美）丹尼尔·麦克法登．The impact of demographics on housing and non－housing wealth in the United States［J］．NBER Working Paper，1994.

［6］（美）劳伦斯·莱文．Are assets fungible? Testing the behavioral theory of life－cycle savings［J］．Journal of Economic Behavior & Organization，1998，36（1）：59－83.

［7］（新加坡）彭力扬．The impact of housing prices on aggregate consumption：Evidence from an East Asian City－State［J］．Working Paper，Singapore Management University，2002.

［8］（美）托德·西尼，（美）尼古拉斯·苏莱勒．Owner－

Occupied Housing as a Hedge Against Rent Risk [J]. NBER Working Papers, 2003, 120 (2): 763 - 789.

[9] 李涛，陈斌开．家庭固定资产、财富效应与居民消费：来自中国城镇家庭的经验证据 [J]. 经济研究，2014 (3): 62 - 75.

[10] (美) 乔·皮克. Capital gains and personal saving behavior [J]. Journal of Money, Credit, and Banking, 1983 (15): 1 - 23.

[11] (美) 库尔·巴蒂亚. Real estate assets and consumer spending [J]. Quarterly Journal of Economics, 1987 (102): 437 - 443.

[12] (美) 卡尔·E. 凯斯，(美) 约翰·M. 奎格利，(美) 罗勃·席勒. Comparing Wealth Effects: The Stock Market Versus the Housing Market [J]. Advances in Macroeconomics, 2001 (5): 1 - 32.

[13] (美) 约翰·坎贝尔，(英) 乔奥·可可. How do house prices affect consumption? Evidence from micro data [J]. Journal of Monetary Economics, 2007, 54 (3): 591 - 621.

[14] 宋勃．房地产市场财富效应的理论分析和中国经验的实证检验：1998—2006 [J]. 经济科学，2007 (5): 43 - 55.

[15] 黄静，屠梅曾．房地产财富与消费：来自家庭微观调查数据的证据 [J]. 管理世界，2009 (7): 35 - 45.

[16] 杨碧云，肖英豪，张浩．房地产财富对居民消费影响研究：基于中国家庭金融调查数据的实证检验 [J]. 北京工商大学学报（社会科学版），2017 (3): 22 - 32.

[17] (美) 路易斯·希纳. Housing prices and the savings of renters [J]. Journal of Urban Economics, 1995, 38 (1): 94 - 125.

[18] 况伟大．房价变动与中国城市居民消费 [J]. 世界经济，2011 (10): 21 - 34.

［19］谢洁玉，吴斌珍，李宏彬，郑思齐．中国城市房价与居民消费［J］．金融研究，2012（6）：13－27．

［20］李春风，刘建江，陈先意．房价上涨对我国城镇居民消费的挤出效应研究［J］．统计研究，2014（12）：32－40．

［21］（韩）松本町．Housing wealth effect on consumption：Evidence from household level data［J］．Economics Letters，2011，113（2）：192－194．

［22］陈峰，姚潇颖，李鲲鹏．中国中高收入家庭的住房财富效应及其结构性差异［J］．世界经济，2013（9）：139－160．

［23］颜色，朱国钟．“房奴效应”还是“财富效应”？——房价上涨对国民消费影响的一个理论分析［J］．管理世界，2013（3）：34－47．

［24］李剑，臧旭恒．住房价格波动与中国城镇居民消费行为——基于2004－2011年省际动态面板数据的分析［J］．南开经济研究，2015（1）：89－101．

［25］李剑．住房资产、价格波动与中国城镇居民消费行为［D］．济南：山东大学，2014．

［26］（美）哈利法，（美）奥斯曼·塞克，（美）埃尔文·托宾．Housing wealth effect：Evidence from threshold estimation［J］．Journal of Housing Economics，2013，22（1）：25－35．

［27］（英）约翰·梅纳德·凯恩斯．The General Theory of Employment Interest and Money［M］．Great Britain，1936．

［28］（美）詹姆斯·杜森贝里．Income，Saving and the Theory of Consumer Behavior［M］．Harvard：Cambridge，1949．

［29］（英）亚当·斯密．The Theory of Moral Sentiments［M］．Reprinted，Liberty Fund，Indianapolis，1982．

［30］T. K. C. Pham. Economic growth and status－seeking through personal wealth［J］．European Journal of Political Economy，2005，21

(2): 407-427.

[31] (美) 托斯丹·邦德·凡勃伦. The Theory of the Leisure Class [M]. Reprinted, Modern Library, New York, 1934.

[32] (英) 阿尔弗雷德·马歇尔. Principles of Economics [M]. London: Macmillan and Co. 8th ed, 1920.

[33] (德) 马克斯·韦伯. Economy and Society [M]. Translated and reprinted, University of California Press, Berkeley, 1978.

[34] (美) 约拉姆·韦斯, (以色列) 哈伊姆·费希特曼. Social Status and Economic Performance: A Survey [J]. European Economic Review, 1998 (3): 801-820.

[35] (美) 谢丽尔·鲍尔, (美) 凯瑟琳·埃克尔, (美) 菲利普·J格罗斯曼, 威廉·扎梅. Status in Market [J]. Quarterly Journal of Economics, 2001, 116 (1): 161-188.

[36] (美) 赫菲茨, (美) 罗伯特·H. 弗兰克. Preferences for Status: Evidence and Economic Implications [J]. Social Science Electronic Publishing, 2008 (1): 69-91.

[37] 杨晓维, 刘雯. 地位经济学研究动态 [J]. 经济学动态, 2016 (6): 100-108.

[38] (美) H. 莱本斯坦. Bandwagon, Snob, and Veblen Effects in the Theory of Consumers' Demand [J]. Quarterly Journal of Economics, 1950, 64 (2): 183-207.

[39] (美) 加里·贝克尔. Theory of Social Interactions [J]. Journal of Political Economy, 1974, 82 (6): 1063-1093.

[40] (西班牙) 乔迪·加利. Keeping up with the Joneses: Consumption Externalities, Portfolio Choice, and Asset Prices [J]. Journal of Money Credit & Banking, 1994, 26 (1): 1-8.

[41] 杭斌. 住房需求与城镇居民消费 [J]. 统计研究, 2014, 31 (9): 31-36.

[42] 曹建美. 私家车需求与地位寻求 [J]. 统计与信息论坛, 2015, 30 (10): 72-78.

[43] 张亮, 杭斌. 中国城镇居民住房与消费——基于地位寻求视角 [J]. 统计与信息论坛, 2016, 31 (1): 54-61.

[44] (美) 罗伯特·H. 弗兰克. The Demand for Unobservable and Other Nonpositional Goods [J]. American Economic Review, 1985, 75 (1): 101-116.

[45] (加拿大) 亚瑟·罗布森. Status, the Distribution of Wealth, Private and Social Attitudes to Risk [J]. Econometrica, 1992, 60 (4): 837-857.

[46] E. Hopkins, T. Kornienko. Running to Keep in the Same Place: Consumer Choice as a Game of Status [J]. American Economic Review, 2004, 94 (4): 1085-1107.

[47] (英) 诺曼·J. 爱尔兰. On limiting the market for status signals [J]. Journal of Public Economics, 1991, 53 (1): 91-110.

[48] (美) 弗兰科·莫迪利安尼, (美) R. 布伦贝格. Utility analysis and the consumption function: An interpretation of cross-section data [M]. Rutgers University Press, 1954.

[49] (美) 米尔顿·弗里德曼. A Theory of the Consumption Function. Princeton [M]. Princeton University Press, 1957.

[50] (英) 安格斯·迪顿. Understanding Consumption [M]. Clarendon Press, 1992.

[51] (美) 罗伯特·霍尔. Stochastic Implications of the Life Cycle-Permanent Income Hypothesis: Theory and Evidence [J]. Journal of Political Economy, 1978, 86 (6): 971-987.

[52] (美) 弗莱文. The Adjustment of Consumption to Changing Expectations About Future Income [J]. Journal of Political Economy, 1981, 89: 974-1009.

[53] 申朴，刘康兵．中国城镇居民消费行为过度敏感性的经验分析：兼论不确定性、流动性约束与利率 [J]．世界经济，2003 (1)：61-66.

[54] 杭斌，申春兰．经济转型期中国城镇居民消费敏感度的变参数分析 [J]．数量经济技术经济研究，2004 (9)：26-30.

[55] (英) 安格斯·迪顿．Life-Cycle Models of Consumption：Is the Evidence Consistent with the Theory? [J]. NBER Working Papers，1988，2.

[56] (美) 海恩·埃利斯·利兰．Saving and Uncertainty：The Precautionary Demand for Saving [J]. The Quarterly Journal of Economics，1968，82 (3)：465-473.

[57] (挪威) 阿格纳尔·桑莫．The Effect of Uncertainty on Saving Decisions [J]. Review of Economic Studies，1970，37 (3)：353-360.

[58] (美) 迈尔斯·斯宾塞·金博尔．Precautionary Saving in the Small and in the Large [J]. Econometrica，1990，58 (1)：53-73.

[59] (美) 里卡多·卡瓦列罗．Consumption Puzzles and Precautionary Savings [J]. Journal of Monetary Economics. 1990，25 (1)：113-136.

[60] 甘犁，魏昆，路晓蒙，赵雨培，王香．中国工薪阶层信贷发展报告 [R]．成都：西南财经大学中国家庭金融调查与研究中心，2017.

[61] 程郁，韩俊，罗丹．供给配给与需求压抑交互影响下的正规信贷约束：来自1874户农户金融需求行为考察 [J]．世界经济，2009 (5)：73-82.

[62] 易小兰，宋玮楠．我国农户借贷需求及其满足程度的调查研究 [J]．经济纵横，2013 (4)：86-89.

[63] 黄倩，尹志超．信贷约束对家庭消费的影响——基于中国家庭金融调查数据的实证分析 [J]．云南财经大学学报，2015 (2)：128－136.

[64] 郑功成．新中国 70 年社会保障发展的理论与实践逻辑 [N]．光明日报，2019.

[65]（美）克里斯托弗・D. 卡罗尔，（美）迈尔斯・斯宾塞・金博尔．On the Concavity of the Consumption Function [J]. Econometrica，1996.

[66] 张沂，胡日东．中国城镇居民收入差距与消费需求的实证研究 [J]．预测，2003 (2)：4－7.

[67] 李军．收入差距对消费需求影响的定量分析 [J]．数量经济技术经济研究，2003 (9)：7－13.

[68] 苑小丰，范辉．城乡收入差距对消费需求影响研究 [J]．财经问题研究，2010 (6)：15－20.

[69] 方臻旻，徐冰清．我国居民收入分配差距对居民消费倾向影响的研究 [J]．江西财经大学学报，2014 (4)：39－45.

[70] 袁志刚，朱国林．消费理论中的收入分配与总消费——及对中国消费不振的分析 [J]．中国社会科学，2002 (2)：69－76.

[71]（美）托马斯・M. 斯托克．Simple Tests of Distributional Effects on Macroeconomic Equations [J]. Journal of Political Economy，1986，94 (4)：763－795.

[72] 朱国林，范建勇，严燕．中国的消费不振与收入分配：理论和根据 [J]．经济研究，2002 (5)：72－80.

[73] 臧旭恒，张继海．收入分配对中国城镇居民消费需求影响的实证分析 [J]．经济理论与经济管理，2005 (6)：7－12.

[74] 汪伟，郭新强．收入不平等与中国高储蓄率：基于目标性消费视角的理论与实证研究 [J]．管理世界，2011 (9)：7－52.

[75]（美）罗伯特・H. 弗兰克，（美）亚当・塞思・莱

文，（荷）奥格·迪克 . Expenditure Cascades [J]. Review of Behavioral Economics, 2014 (1): 55 – 73.

[76] 曹建美. 收入不平等、礼金支出与农户消费 [D]. 太原：山西财经大学，2017.

[77] 修磊. 收入不平等、流动性约束与城镇家庭消费——基于地位寻求视角的分析 [D]. 太原：山西财经大学，2017.

[78] 杭斌，余峰. 中国城镇家庭的住房为什么越来越大？——基于收入差距的分析 [J]. 统计与信息论坛，2018, 33 (12): 99 – 105.

[79] 张亮. 收入差距对家庭中小学教育支出的影响——基于社会地位寻求视角的实证研究 [D]. 太原：山西财经大学，2019.

[80] （英）理查德·威尔金森，（英）凯特·皮克特 . The Spirit Level, Why Equality is Better for Everyone [M]. London: Penguin Books, 2010.

[81] （美）拉古拉迈·拉詹 . Fault Lines: How Hidden Fractures Still Threaten the World Economy [M]. Princeton University Press, 2010.

[82] 金烨，李宏彬，吴斌珍. 收入差距与社会地位寻求：一个高储蓄率的原因 [J]. 经济学（季刊），2011, 10 (3): 887 – 912.

[83] 纪园园，宁磊. 相对收入假说下的收入差距对消费影响的研究 [J]. 数量经济技术经济研究，2018 (4): 97 – 114.

[84] 杭斌，修磊. 收入不平等、信贷约束与家庭消费 [J]. 统计研究，2016, 33 (8): 73 – 79.

[85] 李江一，李涵. 城乡收入差距与居民消费结构：基于相对收入理论的视角 [J]. 数量经济技术经济研究，2016, 33 (8): 98 – 113.

［86］（英）卢卡斯·瓦拉塞克，（英）戈登·D. A. 布朗. Income inequality and status seeking: searching for positional goods in unequal U. S. states ［J］. Psychological Science，2015（26）：527－533.

［87］（美）罗斯金·摩根，（法）马库斯·克里斯滕. Keeping up with the joneses: Analyzing the effect of income inequality on consumer borrowing ［J］. Quantitative Marketing and Economics，2005（3）：145－173.

［88］（美）杰西·布里克，（美）罗德尼·拉姆查兰，（美）雅各布·克里梅尔. Signaling Status: The impact of relative income on household consumption and financial decisions ［J］. Working Paper，2014.

［89］（美）塞缪尔·鲍尔斯，（意大利）永金·Park. Emulation, inequality, and work hours: was Thorsten Veblen right? ［J］. The Economic Journal，2005，115：F397－F412.

［90］（美）N. 格里高利·曼昆，（美）大卫·N. 威尔. The Baby Boom, The Baby Bust, and the Housing Market ［J］. Regional Science & Urban Economics，1989，19（2）：235－258.

［91］（荷）皮特·艾希霍茨，（美）蒂斯·林登塔尔. Demographics, human capital, and the demand for housing ［J］. Journal of Housing Economics，2014（26）：19－32.

［92］李超，倪鹏飞，万海远．中国住房需求持续高涨之谜：基于人口结构视角［J］. 经济研究，2015（5）：118－133.

［93］邓宏乾，黄冠，徐升．人口结构变动对住房需求的影响——基于2002—2016年省际面板数据的实证分析［J］. 华中师范大学学报（人文社会科学版），2019（3）：51－59.

［94］丁洋，郑江淮．中国人口老龄化会减少住房需求吗？［J］. 中国软科学，2018（2）：68－77.

[95] 祝仲坤，冷晨昕．农民工城镇购房意愿及其影响因素[J]．财经科学，2017（3）：98－109.

[96] 蔡宏波，叶坤，万海远．鱼和熊掌不可兼得？——生育影响住房需求的理论与实证分析[J]．经济科学，2019（4）：92－104.

[97] 刘雯，杨晓维．住房需求的地位动机研究——基于中国城镇家庭数据的2SLS分析[J]．统计与信息论坛，2016，31（8）：91－97.

[98] 王立凯，张帅．自住房屋需求与预期收入差距——基于住房地位寻求视角的解释[J]．经济问题，2015（12）：33－39.

[99] 闫娜娜，杭斌．社会地位关注与住房需求：基于收入差距视角的实证[J]．统计与决策，2020（5）：72－75.

[100] 李宏，闫坤如．新中国成立70年城镇住房制度的嬗变与启示[J]．广西社会科学，2019（8）：57－62.

[101] 孙鸣阳．城市职工住房制度应与工资制度同步改革[J]．经济体制改革，1986（2）：71－72.

[102] 李斌．效率与分化：中国城市住房改革40年回顾[J]．人民论坛·学术前沿，2018（11）：68－80.

[103]（奥地利）戈特弗里德·哈伯勒．The Theory of comparative cost once more [J]. The Quarterly Journal of Economics, 1929, 43（2）：376－381.

[104]（英）庇古．The classical stationary state [J]. The Economic Journal, 1943, 53（212）：343－351.

[105] 王亚楠．房价压力会刺激文化消费吗？[J]．南方经济，2020（3）：40－52.

[106] 刘颜，周建军．城市房价上涨促进还是抑制了城镇居民消费？[J]．消费经济，2019（2）：49－56.

[107] 李春风，陈乐一，刘建江．房价波动对我国城镇居

民消费的影响研究［J］. 统计研究，2013，30（2）：14－22.

［108］杨赞，张欣，陈杰．再购房潜在动机如何影响住房的财富效应？——基于城镇住户大样本调查数据的微观层面分析［J］. 财经研究，2014，40（7）：54－64.

［109］李江一．“房奴效应”导致居民消费低迷了吗？［J］. 经济学（季刊），2017，17（1）：405－430.

［110］（英）安德鲁·贝尼托，（英）哈龙·穆姆塔兹. Consumption excess sensitivity，liquidity constraints and the collateral role of housing［J］. Macroeconomic Dynamics，2006，13（3）：305－326.

［111］（美）菲利普·文森. House Prices and Consumption in the United States［J］. Real Estate Economics，2018.

［112］李文丽，姚瑞. The Life－Cycle Effects of House Price Changes［J］. Journal of Money，Credit and Banking，2007，39（6）：1375－1409.

［113］高玲玲，周华东，周亚虹．“直接财富效应”抑或“抵押担保效应”——对中国自有住房家庭“财富效应”传导途径的实证检验［J］. 经济科学，2018，228（6）：83－94.

［114］M. 王棋. Discussion［J］. Economic Policy，1990，11：383－387.

［115］M·帕加诺. Discussion［J］. Economic Policy，1990，11：387－390.

［116］（美）查尔斯·W. 卡洛米里斯，（美）斯坦利·D. 朗霍费尔，（美）威廉姆斯·米尔斯. The（Mythical?）Housing Wealth Effect［J］. NBER Working Paper，2009.

［117］（英）奥拉齐奥·阿塔纳西奥，（英）劳拉·布拉，（英）罗伯特·汉密尔顿，（英）安德鲁·莱斯特. Booms and Busts：Consumption，House Prices and Expectations［J］. Economica, 2009, 76 (301): 20 -50.

[118] 李剑. 房价波动、跨期依赖与居民消费效应——基于 Carroll 的新财富效应测度方法 [J]. 经济与管理评论, 2018 (5): 63 -72.

[119] (美) 乔纳森·斯金纳. Housing wealth and aggregate saving [J]. Regional Science and Urban Economics, 1989 (19): 305 -324.

[120] (德) 索伦·格罗贝尔, (德) 多萝西·伊勒. Saving Behavior and Housing Wealth Evidence from German Micro Data [J]. Jahrbücher für Nationalkonomie und Statistik, 2018, 238 (6): 501 -539.

[121] (德) 亚历山大·路德维希, (法) 托斯滕·斯洛克. The Relationship between Stock Prices, House Prices and Consumption in OECD Countries [J]. The BE Journal of Macroeconomics, 2004, 4 (1).

[122] 李成武. 中国房地产财富效应地区差异分析 [J]. 财经问题研究, 2010 (2): 124 -129.

[123] 李成武, 李婷. 基于空间面板数据的中国房地产市场财富效应研究 [J]. 东北大学学报 (社会科学版), 2010, 12 (5): 402 -408.

[124] 余华义, 王科涵, 黄燕芬. 房价对居民消费的跨空间影响——基于中国 278 个城市空间面板数据的实证研究 [J]. 经济理论与经济管理, 2020 (8): 45 -61.

[125] (美) 加里·V. 恩格尔哈特. House Prices and Home Owner Saving Behavior [J]. Regional Science and Urban Economics, 1996, 26 (3 -4): 313 -336.

[126] (美) 吉里·斯拉克拉克. What Drives Personal Consumption? The Role of Housing and Financial Wealth [J]. The

B. E. Journal of Macroeconomics, 2009, 9 (1): 1 -35.

[127] (美) 皮埃特罗·卡特, (美) 纳塔莉·吉鲁阿尔, (美) 罗伯特·普莱斯, (美) 克里斯托弗·安德烈 . Housing Markets, Wealth and the Business Cycle [J]. Social Science Electronic Publishing, 2004 (30): 514 -543.

[128] (日) 青木康介, (英) 詹姆斯·普罗德曼, (英) Gertjan Vlieghe. House prices, consumption, and monetary policy: a financial accelerator approach [J]. Journal of Financial Intermediation, 2004, 13 (4): 414 -435.

[129] (英) 珍妮·阿隆, (英) 约翰·杜卡, (英) 约翰·缪尔鲍尔, (日) 村田惠子, (英) 安东尼·墨菲 . Credit, Housing Collateral and Consumption: the UK, Japan and the US. [J]. Review of Income & Wealth, 2010, 58 (3): 397 -423.

[130] 李亮 . 房地产市场对消费支出传导效应的文献综述 [J]. 经济理论与经济管理, 2010 (11): 40 -46.

[131] (美) 凯文·迪南, (美) 阿蒂夫·米安, (美) 凯文·彭斯 . Is a Household Debt Overhang Holding back Consumption? [J]. Brookings Papers on Economic Activity, 2012 (1): 299 -362.

[132] (丹麦) 阿斯格·Lau·安德森, (丹麦) 夏洛特·杜斯, (丹麦) 泰伊思·莱尔霍姆·延森 . Household debt and spending during the financial crisis: Evidence from Danish micro data [J]. Danmarks Nationalbank Working Papers, 2014.

[133] (美) 阿提夫·米杨, (美) 卡马莱什·拉奥, (美) 阿米尔·苏菲 . Household Balance Sheets, Consumption, and the Economic Slump [J]. Quarterly Journal of Economics, 2013, 128 (4): 1687 -1726.

[134] (美) 克里斯托弗·布朗, (美) 卡尔帕纳·卡纳

尔. Household Delevraging and the Great Recession: Evidence from the Survey of Consumer Finances [C]. For presentation at the Association for Institutional Thought (AFIT) annual meeting, Portland, OR, April 9, 2015: 1-18.

[135] (土耳其) 岑吉兹·通克, (美) 阿卜杜拉·雅瓦斯. Collateral Damage: The Impact of Mortgage Debt on U. S. Savings [J]. Housing Policy Debate, forthcoming, 2017 (2): 1-22.

[136] (美) Song In Ho. House Prices and Consumption [J]. Inho Song, 2010.

[137] 范颖, 阿卜杜拉·雅瓦斯. How Does Mortgage Debt Affect Household Consumption? Micro Evidence from China [J]. Real Estate Economics, 2017.

[138] 吴卫星, 李羽翔, 张雨萌. 我国住房借款对家庭消费率的影响研究 [J]. 福建论坛 (人文社会科学版), 2020 (1): 145-154.

[139] (澳大利亚) 尼科拉·德沃纳克, (澳大利亚) 玛丽昂·科勒. Housing Wealth, Stock Market Wealth and Consumption: A Panel Analysis for Australia [J]. RBA Research Discussion Papers, 2003, 83 (261): 117-130.

[140] (美) 理查德·H. 泰勒, (美) 赫什·M. 谢夫林. The Behavioral Life-Cycle Hypothesis [J]. Economic Inquiry, 1988, 26 (4): 609-643.

[141] B. Deutsche, Disaggregating the wealth effect [J]. US Economics Weekly, 2001.

[142] (美) 约翰·D. 本杰明, (美) 彼得·奇诺伊, (美) G. 唐纳德·贾德. Real Estate Versus Financial Wealth in Consumption [J]. Journal of Real Estate Finance and Economics, 2004, 29 (3): 341-354.

[143] （加拿大）利斯·皮谢特，（加拿大）多米尼克·特雷姆布莱 . Are Wealth Effects Important for Canada? [J]. Bank of Canada Review, 2004.

[144] （澳大利亚）金基堂 . The Wealth Effect of Housing on Aggregate Consumption [J]. Applied Economics Letters. 2006, 13 (3): 189 - 193.

[145] （美）拉斐尔·博斯蒂克，（美）斯图尔特·加布里埃尔，（美）加里·彭特 . Housing wealth, financial wealth, and consumption: New evidence from micro data [J]. Regional Science and Urban Economics, 2009, 39 (1): 79 - 89.

[146] （西班牙）胡安·马丁 - 勒让德，（西班牙）巴勃罗·卡斯特利亚诺斯 - 加西亚，（西班牙）桑切斯 - 桑托斯 . Housing and financial wealth effects on consumption: Evidence from the Spanish Survey of Household Finances [J]. Economics Bulletin, 2019, 39 (3): 1930 - 1940.

[147] （希腊）安东尼奥·巴萨内蒂，（希腊）弗朗西斯科·佐利诺 . The effects of housing and financial wealth on personal consumption: Aggregate evidence for Italian households [J]. Social Science Electronic Publishing, 2008, 104 (104): 307 - 336.

[148] （意大利）里卡多·德·博尼斯，（意大利）安德里亚·西尔维斯特里尼 . The Effects of Financial and Real Wealth on Consumption: New Evidence from OECD Countries [J]. Applied Financial Economics. 2012, 22 (4 - 6): 409 - 425.

[149] 张大永，曹红．家庭财富与消费：基于微观调查数据的分析 [J]. 经济研究，2012 (S1): 53 - 65.

[150] 张五六，赵昕东．金融资产与实物资产对城镇居民消费影响的差异性研究 [J]. 经济评论，2012 (3): 93 - 101.

[151] 骆祚炎．中国居民金融资产与住房资产财富效应的

比较检验［J］. 中国软科学，2008（4）：40－47.

［152］刘也，张安全，雷震. 住房资产的财富效应：基于CHFS的经验证据［J］. 财经科学，2016（11）：71－78.

［153］臧旭恒，张欣. 中国家庭资产配置与异质性消费者行为分析［J］. 经济研究，2018（3）：21－34.

［154］朱信凯，骆晨. 消费函数的理论逻辑与中国化：一个文献综述［J］. 经济研究，2011（1）：142－155.

［155］李实，朱梦冰. 中国经济转型40年中居民收入差距的变动［J］. 管理世界，2018（12）：19－28.

［156］吴旭东，焦健. 中国收入差距的总体形势与应对思路［J］. 贵州社会科学，2019（6）：115－123.

［157］周小寒. 我国城镇居民收入差距对住房价格的影响研究［D］. 上海：华东师范大学，2019.

［158］（美）马克斯·韦伯. 经济与社会［M］. 上海：上海人民出版社，2010.

［159］李强. 改革开放30年来中国社会分层结构的变迁［J］. 北京社会科学，2008（5）：49－62.

［160］张海东，杨城晨. 住房与城市居民的阶层认同——基于北京、上海、广州的研究［J］. 社会学研究，2017（5）：39－63.

［161］杭斌，修磊. 住房攀比与居民消费［J］. 统计研究，2015，32（12）：54－61.

［162］王立凯. 收入差距、住房需求与家庭消费［D］. 太原：山西财经大学，2016.

［163］（美）M. D. R·埃文斯，（美）乔纳森·凯利. Subjective Social Location：Data from 21 Nations［J］. International Journal of Public Opinion Research，2004，16（1）：3－38.

［164］（爱沙尼亚）克里斯汀娜·林德曼，（爱沙尼亚）埃

卢·萨尔. Contextual Effects on Subjective Social Position: Evidence from European Countries [J]. International Journal of Comparative Sociology, 2014, 55 (1): 3-23.

[165] 宋庆宇，乔天宇. 中国民众主观社会地位的地域差异——基于对 CFPS2012 成人问卷数据的“虚拟情景锚定法”分析 [J]. 社会，2017, 37 (6): 216-242.

[166] (法) 亚历克西斯·迪勒. Interdependent Preferences and Aggregate Saving [J]. Annales D'Economie et de Statistique, 2001, (63-64): 297-308.

[167] 刘雯. 收入差距、社会资本与农户消费 [J]. 中国农村经济，2018 (6): 84-100.

[168] 臧旭恒等. 居民资产与消费选择行为分析 [M]. 上海：上海人民出版社，2001.

[169] 杭斌，闫新华. 经济快速增长时期的居民消费行为——基于习惯形成的实证分析 [J]. 经济学（季刊），2013, 12 (4): 1191-1208.

[170] 俞平康，王晶. 从“不平衡”看高质量发展的产业机会 [J]. 证券市场周刊，2018 (6): 29-31.

[171] 甘杰. Housing Wealth and Consumption Growth: Evidence from a Large Panel of Households [J]. Ssrn Electronic Journal, 2007.

[172] 段忠东，朱孟楠. 房价与不同家庭消费的非线性关系 [J]. 中南财经政法大学学报，2014 (4): 10-19.

[173] 高雅，李秀婷，董纪昌. 城市房价为何不同：公共服务对房价的影响 [J]. 系统工程理论与实践，2019, 39 (9): 2255-2262.

[174] 周京奎，吴晓燕. 公共投资对地价、房价影响效应差异研究 [J]. 山西财经大学学报，2008, 30 (9): 40-46.

[175] 邓慧慧，虞义华，龚铭．空间溢出视角下的财政分权、公共服务与住宅价格 [J]．财经研究，2013，39 (4)：48－56.

[176] (美) 阿肖克·迪奥·巴丹，(美) 罗伯特·H. 埃德尔斯坦，(中国香港) 查尔斯·梁．A Note on Globalization and Urban Residential Rents [J]. Journal of Urban Economics，2004，56 (3)：505－513.

[177] 王松涛．城市经济开放度对房地产价格的影响研究——基于中国35个大中城市面板数据模型的分析 [J]．南开经济研究，2009 (2)：91－102.

[178] 龚维进，徐春华．交通便利性、开放水平与中国房价——基于空间杜宾模型的分析 [J]．国际贸易问题，2007 (2)：50－60.

[179] 张清勇．房价收入比的起源、算法与应用：基于文献的讨论 [J]．财贸经济，2011 (12)：114－135.

[180] (美) 弗莱文．Excess Sensitivity of Consumption to Current Income Liquidity Constraints or Myopia [J]. NBER Working Paper，1985.

[181] (意大利) 图利奥·杰派利，(意大利) 马柯·帕格诺．Consumption and Capital Market Imperfections：An International Comparison [J]. The American Economic Review，1989，79 (5)：1088－1105.

[182] 宋铮．中国居民储蓄行为研究 [J]．金融研究，1999 (6)：46－50.

[183] 李菲菲．中国房地产财富效应研究 [D]．北京：中国社会科学院研究生院，2017.

[184] 黄雪琴，张云矿．个人主观社会地位影响因素分析——基于 Ordered Probit 模型的估计 [J]．西华大学学报 (哲学社会科学版)，2018，37 (2)：92－101.

［185］（美）詹姆斯·R. 克鲁格尔，（美）罗伊斯·辛格尔顿，（美）查尔斯·E. 斯塔恩斯 . Subjective Class Identification: A Multiple Indicator Approach ［J］. American Sociological Review, 1977, 42（4）: 599.

［186］于铁山．个人主观社会地位的社会影响因素——基于 CLDS（2012）数据的实证研究［J］. 人口与社会，2015，31（1）: 89 – 97.

［187］（美）玛丽·R. 杰克曼，（美）罗伯特·W. 杰克曼. An Interpretation of the Relation Between Objective and Subjective Social Status ［J］. American Sociological Review, 1973, 38（5）: 569 – 582.

［188］（美）埃非·奥卡，（美）莱温特·科克森. Negatively interdependent preferences ［J］. Social Choice & Welfare, 2000, 17（3）: 533 – 558.

［189］段鹏．离散选择模型理论与应用研究［D］. 天津：南开大学，2010.

［190］（美）大卫·纽马克，（美）安德鲁·波斯特韦特. Relative income concerns and the rise in married women's employment ［J］. Journal of Public Economics, 1998, 70（1）: 157 – 183.

［191］（法）安德鲁·E. 克拉克，（英）安德鲁·J. 奥斯瓦尔德 . Satisfaction & Comparison Income ［J］. Journal of Public Economics, 1996, 61（3）: 359 – 381.

［192］（美）迈克尔·麦克布莱德 . Relative – income effects on subjective well – being in the cross – section ［J］. Journal of Economic Behavior & Organization, 2001, 45（3）: 251 – 278.

［193］（德）亚历山德拉·诺内马赫 . Eignen Sich Stadtteile Für Den Nachweis Von Kontexteffekten? ［J］. Kzfss Kölner Zeitschrift Für Soziologie and Sozialpsychologie, 2007, 59（3）: 493 – 511.

[194]（美）布鲁斯·E. 汉森. Threshold effects in non – dynamic panels: Estimation, testing, and inference [J]. Journal of Econometrics, 1999 (93): 345 – 368.

[195] 王群勇. Fixes – effect panel threshold model using stata [J]. The Stata Journal, 2015, 15 (1): 121 – 134.

[196] 董照樱子. 基于家庭异质性与市场环境视角的中国住房财富效应研究 [D]. 杭州: 浙江大学, 2019.

[197] 吴晓瑜, 王敏, 李力行. 中国的高房价是否阻碍了创业? [J]. 经济研究, 2014 (9): 121 – 134.

[198] 周颖刚, 蒙莉娜, 卢琪. 高房价挤出了谁? ——基于中国流动人口的微观视角 [J]. 经济研究, 2019 (9): 106 – 122.

[199] 张莉, 何晶, 马润泓. 房价如何影响劳动力流动? [J]. 经济研究, 2017 (8): 155 – 170.

[200] 何兴强, 杨锐锋. 房价收入比与家庭消费——基于房产财富效应的视角 [J]. 经济研究, 2019 (12): 102 – 117.

[201]（美）詹姆斯·H. 斯托克,（美）马克·W. 沃森. 计量经济学 [M]. 孙燕译. 第2版. 上海人民出版社, 2009, 234 – 258.

[202] 郭金金. 租购并举制度下我国住房租赁市场激励与监管策略研究 [D]. 山东师范大学, 2020.

[203]（澳大利亚）萨利·萨奇逊. Subduing 'The Rural House – building Craze': Attitudes Towards Housing Construction and Land Use Controls in Four Zhejiang Villages [J]. The China Quarterly, 2002, 172: 927 – 955.

[204] 田淑敏, 宇振荣, 郭爱云, 何美丽. 京郊农民对住宅建设的意愿分析 [J]. 中国土地科学, 2009 (3): 78 – 82.

[205] 甘犁, 尹志超, 贾男, 徐舒, 马双. 中国家庭资产状况及住房需求分析 [J]. 金融研究, 2013 (4): 1 – 14.

[185]（美）詹姆斯·R. 克鲁格尔，（美）罗伊斯·辛格尔顿，（美）查尔斯·E. 斯塔恩斯 . Subjective Class Identification: A Multiple Indicator Approach [J]. American Sociological Review, 1977, 42 (4): 599.

[186] 于铁山 . 个人主观社会地位的社会影响因素——基于 CLDS（2012）数据的实证研究 [J]. 人口与社会，2015，31 (1): 89 -97.

[187]（美）玛丽·R. 杰克曼，（美）罗伯特·W. 杰克曼. An Interpretation of the Relation Between Objective and Subjective Social Status [J]. American Sociological Review, 1973, 38 (5): 569 -582.

[188]（美）埃非·奥卡，（美）莱温特·科克森. Negatively interdependent preferences [J]. Social Choice & Welfare, 2000, 17 (3): 533 -558.

[189] 段鹏. 离散选择模型理论与应用研究 [D]. 天津：南开大学，2010.

[190]（美）大卫·纽马克，（美）安德鲁·波斯特韦特. Relative income concerns and the rise in married women's employment [J]. Journal of Public Economics, 1998, 70 (1): 157 -183.

[191]（法）安德鲁·E. 克拉克，（英）安德鲁·J. 奥斯瓦尔德 . Satisfaction & Comparison Income [J]. Journal of Public Economics, 1996, 61 (3): 359 -381.

[192]（美）迈克尔·麦克布莱德 . Relative - income effects on subjective well - being in the cross - section [J]. Journal of Economic Behavior & Organization, 2001, 45 (3): 251 -278.

[193]（德）亚历山德拉·诺内马赫 . Eignen Sich Stadtteile Für Den Nachweis Von Kontexteffekten? [J]. Kzfss Kölner Zeitschrift Für Soziologie and Sozialpsychologie, 2007, 59 (3): 493 -511.

[194] (美) 布鲁斯·E. 汉森. Threshold effects in non – dynamic panels: Estimation, testing, and inference [J]. Journal of Econometrics, 1999 (93): 345 – 368.

[195] 王群勇. Fixes – effect panel threshold model using stata [J]. The Stata Journal, 2015, 15 (1): 121 – 134.

[196] 董照樱子. 基于家庭异质性与市场环境视角的中国住房财富效应研究 [D]. 杭州: 浙江大学, 2019.

[197] 吴晓瑜, 王敏, 李力行. 中国的高房价是否阻碍了创业? [J]. 经济研究, 2014 (9): 121 – 134.

[198] 周颖刚, 蒙莉娜, 卢琪. 高房价挤出了谁? ——基于中国流动人口的微观视角 [J]. 经济研究, 2019 (9): 106 – 122.

[199] 张莉, 何晶, 马润泓. 房价如何影响劳动力流动? [J]. 经济研究, 2017 (8): 155 – 170.

[200] 何兴强, 杨锐锋. 房价收入比与家庭消费——基于房产财富效应的视角 [J]. 经济研究, 2019 (12): 102 – 117.

[201] (美) 詹姆斯·H. 斯托克, (美) 马克·W. 沃森. 计量经济学 [M]. 孙燕译. 第 2 版. 上海人民出版社, 2009, 234 – 258.

[202] 郭金金. 租购并举制度下我国住房租赁市场激励与监管策略研究 [D]. 山东师范大学, 2020.

[203] (澳大利亚) 萨利·萨奇逊. Subduing 'The Rural House – building Craze': Attitudes Towards Housing Construction and Land Use Controls in Four Zhejiang Villages [J]. The China Quarterly, 2002, 172: 927 – 955.

[204] 田淑敏, 宇振荣, 郭爱云, 何美丽. 京郊农民对住宅建设的意愿分析 [J]. 中国土地科学, 2009 (3): 78 – 82.

[205] 甘犁, 尹志超, 贾男, 徐舒, 马双. 中国家庭资产状况及住房需求分析 [J]. 金融研究, 2013 (4): 1 – 14.

致　谢

行文至此，首先，我要感谢我的导师杭斌教授和孟勇教授。从选题、实证模型的构建到写作，杭斌教授都倾注了许多的心血。于我而言，杭斌教授亦师亦友。在学术上，他是一位严谨治学、博学多识的老师，他手把手地教导我如何做学术；在生活上，他是一位风趣幽默，善良可爱、会为他人着想的人，他的处世之道深深地影响着我，教会了我坦然地面对经历的风风雨雨。在杭斌教授退休之后，我的导师孟勇教授也给了我很大的帮助。孟勇教授是一位正直善良、博学多识的老师，在孟勇教授的鼎力相助下，我才完成了这本书的写作，也才有机会倾听专家们提出的修改意见，进一步提升了自己的学术水平。

其次，我要感谢李占风、白仲林、雷钦礼、赵昕东、王拉娣、陈治，这几位老师给出的修改意见对我来说是弥足珍贵的。在他们的指点下，我进一步厘清了本书的研究思路和逻辑关系，使本书更加完美。

此外，我要感谢我的家人。正是在家人的支持和帮助下，我才能够静下心来完成本书的写作。

同时，感谢我的师姐曹建美、刘雯、余峰、张琪和师兄张亮，在处理微观调查数据以及写作过程中，和他们的讨论令我受益匪浅。感谢同专业的同学张鸿琴、任梦曾给我的帮助和支持。感谢我的同学聂瑞华、王晶和邵利敏，他们曾给了我很多实用的建议。

最后，本书的出版得到了中国财政经济出版社经济理论出版中心陆宗祥主任的鼎力支持，在此表示深深的谢意！